急需一个大单

快速稳住局面的情感销售法

[美] 大卫·霍菲尔德◎著
（David Hoffeld）

苏健◎译

THE SCIENCE
OF SELLING

天津出版传媒集团

天津科学技术出版社

想要与同读本书的读者交流分享？
微信扫码，加入本书读者交流群。

著作权合同登记号　图字：02-2020-256

图书在版编目（CIP）数据

急需一个大单 / (美) 大卫·霍菲尔德著；苏健译
. -- 天津：天津科学技术出版社, 2021.4
书名原文：The Science of Selling
ISBN 978-7-5576-8712-0

Ⅰ.①急… Ⅱ.①大… ②苏… Ⅲ.①销售-方法
Ⅳ.①F713.3

中国版本图书馆CIP数据核字(2021)第047292号

急需一个大单
JIXU YIGE DADAN
责任编辑：刘　颖
出　　版：天津出版传媒集团
　　　　　天津科学技术出版社
地　　址：天津市西康路35号
邮　　编：300051
电　　话：（022）23332372
网　　址：www.tjkjcbs.com.cn
发　　行：新华书店经销
印　　刷：北京盛通印刷股份有限公司

开本690×980　1/16　印张15.5　字数186 000
2021年4月第1版第1次印刷
定价：56.00元

赞 誉

一份简明扼要、不容错过的指南……对于不满足于小道消息、渴望获悉真实数据来改进技巧的销售人员而言，霍菲尔德的这本充满智慧的指南是一本必修读物。

——《出版人周刊》（*Publishers Weekly*）

超赞的书！在坚实的科学基础之上，销售培训师大卫·霍菲尔德建立了独到的销售法则。他对人们的购买行为进行研究，在此基础上形成了深刻的见解。这些见解一定会帮助你提升销售业绩。

——畅销书《全新销售》（*To Sell Is Human*）的作者
丹尼尔·平克（Daniel H. Pink）

大卫·霍菲尔德对于销售提出了有力、明确且实用的建议。这些建议都是基于大量的研究成果，而非昙花一现的趣闻轶事。销售人员和销售经理所接触到的绝大多数博客、书籍和培训其实都是在浪费时间。他们应该阅读和学习《急需一个大单》。这本书也许是对销售这一关键业务，乃至生命活动的核心要素的最佳论述。

——哈佛商学院教授、
《销售转型》（*Aligning Strategy and Sales*）的作者
弗兰克·塞斯佩德斯（Frank Cespedes）

销售是一门艺术还是科学？大卫·霍菲尔德用确凿的证据证明了它是一门扎根于购买者行为，并可以产生可预测的、可重现的结果的科学。在《急需一个大单》中，他精确地解释了如何运用科学让销售业绩得到长足提高的方法。请拿起你的黄色荧光笔，因为每一页上都有重点。

——《如何与他人会面》（*How to Get a Meeting with Anyone*）的作者

斯图·海内克（Stu Heinecke）

这本书是一股清流。大部分销售类书籍都以作者的经历为基础，而在这本妙不可言的作品中，每一章都以科学为基础。"6个为什么"公式是个伟大的工具。任何销售机构都能用这个公式来提高销售机会，加快销售周期。

——"销售的力量"（Selling Power）的首席执行官

格哈德·葛施万德纳（Gerhard Gschwandtner）

如果你想在影响力的竞技中获胜，那这本书非读不可。大卫在这本杰作中所归纳的方法必将提升你的职业或者业务能力。这是一种革命性的以科学为基础的销售方法。

——毕马威会计师事务所加拿大分公司（KPMG Canada）副总裁、

《该做销售了》（*It's Time to Sell*）的作者

克里斯·斯博维（Chris Spurvey）

这是一本与众不同的销售类书籍。大卫在其中采取了各种简直令人拍案称奇的方法。他深刻挖掘了销售过程背后的科学，分析了原因和结果，而且提供的结论能让销售人员和他们的经理将其转化成具有可操作性的认知。你可别错过了这本书。

——"戴维斯坦商业"（DaveStein.biz）站长

《在销售过程之外》（*Beyond the Sales Process*）的作者

戴夫·斯坦（Dave Stein）

科学与销售能结合在一起吗？如果你读了《急需一个大单》，就能了解到：科学与销售结合得相当紧密。这本书实在是太棒了——不仅精彩，而且真的很实用。我已经把它分享给我的销售团队了。

——信任边缘领导学院（Trust Edge Leadership Institute）的首席执行官

畅销书作者

大卫·霍萨格（David Horsager）

许多人觉得销售只是一场数字游戏，但是大卫·霍菲尔德证明了其中蕴含着科学。在《急需一个大单》中，他将销售从机械式的过程升华为一种以对行为和激励的认识为基础的过程，并运用了能取得销售成功的行之有效的策略。霍菲尔德证明，销售是一门不断发展及完善的科学。

——愿景板媒体（Vision Board Media）和

领英新面孔（Linkedin-Makeover.com）的创始人兼总裁

唐娜·赛杜拉（Donna Serdula）

大卫成功地从销售的艺术中找出了科学。我要向霍菲尔德先生致敬，感谢他提升了我们对如何将销售实践转化为真正的专业技能的问题的理解。

——畅销书《销售消亡》（*Selling Is Dead*）和《在餐桌上有一席之地》
（*A Seat at the Table*）的作者
马克·米勒（Marc Miller）

《急需一个大单》真是出色，令我爱不释手。它已经帮助我重新审视和思考了自己的销售方法。从科学的角度，我现在理解了向顾客提供选择、提高销售的能力及更有效地运用案例的最佳方法。简而言之，《急需一个大单》破解了销售的奥秘。这是我最为推荐的图书。

——艾德·塔特联合公司（Ed Tate & Associates）的主管
世界演讲比赛冠军（World Champion1 of Public Speaking）
艾德·塔特（Ed Tate）

《急需一个大单》的背后有着关于对"人们如何购买"的广泛研究及大卫在现实世界中的实践应用的坚实支撑。力荐！

——塞林格集团（Sellinger Group）
维克多·安东尼奥（Victor Antonio）

多年来，老师总是告诉我们，销售人员成功的原因要么是具备影响他人的天赋异禀，要么是拥有外向型的人格，要么就是单纯地擅长和人打交道。如今，我们再也不需要依赖于此类玄学方法了。大卫·霍菲尔德利用科学数据，展示了许多销售人员业绩低下（以及那些天之骄子成功）的原因，并且让你和你的销售团队知道该如何运用他经过科学验证，能够提高业绩的定义明确、可再现的销售策略。

——全球化本地化解决方案（Globalize Localization Solutions）的管理总监
雷·雷耶斯（Ray Reyes）

这本书就是你的蓝图。你终于能够看看那些买家的脑袋里都在想些什么了。大卫·霍菲尔德将隐藏在我们决定选择、购买，以及对卖家的信任背后的科学呈现了出来——对于任何想要变得更加高效的销售职业人员而言，这都是不可或缺的知识。

——鲁米娜咨询集团（Lumina Consulting Group）和争论者首席执行官
（StretegicCEO.com）的企业教练兼创始人
利里·盖茨（Leary Gates）

秉承丹尼尔·平克在《全新销售》中介绍的销售背后的科学，霍菲尔德更深入地挖掘了如何利用经科学验证的方法，来建立密切关系、轻而易举地左右别人，并且越过销售过程中固有的怀疑态度。如果你认为成功的销售专家是后天塑造的，而非先天形成的，那么这本书对于你而言就再合适不过了。

——《掌控销售杂志》（Sales Mastery Magazine）的创始人
玛丽·波尔（Mary Poul）

在教育领导学的世界里，我们知道最有效力的领导者就是那些能充分利用基于研究的最佳实践的人。大卫·霍菲尔德提供了一系列用以影响他人的基于研究的策略资源——它们不仅适用于满足销售人员的需求，而且也适合身处领导位置或者有志于成为领导者的人。

——国际首脑学校（International Head of School）的教育顾问、教练

托比·特拉维斯（Toby Travis）

大卫·霍菲尔德认为："销售是如此重要，必须以实证科学为基础。"在《急需一个大单》中，他为读者呈现了节奏紧凑、充满根据的销售过程分析，并在其中演示了影响力和制定决策的科学原理能够如何改进销售的效力。他专注于潜在顾客形成购买决策的过程，以及教授如何让销售策略适应于大脑受影响的方式，从而实现销售上的成功。在读了此书之后，你将对销售过程和如何提高效力有一个更加深刻的认识。

——肯尼·兰格（Kinney & Lange）的总裁

大卫·菲尔巴恩（David Fairbarn）

这本开创性的图书为研究和实行销售的新方法打下了基础。根据认知科学领域最新的研究成果，霍菲尔德摒弃了"网红"的销售方法论，向销售人员提供了在整个职业生涯中都可以仰赖的以科学为基础的框架。这本书还提供了发人深省的案例，便于销售专业人员即刻提高生产力。

——LinkIT 拉丁美洲分公司的管理合伙人

胡安·卡洛斯·塞鲁蒂（Juan Carlos Cerrutti）

《急需一个大单》是一本基于科学证据的销售类图书。在前沿科学与现

代市场现实情况之间的鸿沟上，《急需一个大单》是一段跨越其间的极具吸引力的旅程。对于任何想要提高影响力和销售力的人而言，这都是一本必读作品。

——《最佳工作场所：创造非凡工作场所的艺术与科学》（*The Best Place to Work: The Art and Science of Creating an Extraordinary Workplace*）的作者

罗恩·弗里德曼（Ron Friedman）博士

在每年出版的数以千计的销售类图书中，只有寥寥几本算得上是突破性的。《急需一个大单》正是其中之一。这本书取材自世界各地最新涌现的研究，它们对许多传统的销售实践发出了挑战——并且提出了最有效的销售方法。在读了这本书之后，你成功的概率将得到大幅度的提升。

——战略销售集团（Strategic Selling Group）的

约翰·斯迈博特（John Smibert）

《急需一个大单》是包罗了所有关键销售行为的科学研究成果。总的来讲，销售目前正在经历一段转型期，有些传统销售技能的重要性更胜以往，有些则变得过时，还有一系列新的销售技能产生。这本书已经攻坚克难地找出了这些技能，并清晰地解释了需要注意的要点和运用它们的技巧。我强烈推荐任何对销售感兴趣的人阅读此书。

——管道运输（Pipelinersales）的首席战略官（CSO）

畅销书《打赢一场销售的战役》（*Winning the Battle for Sales*）的作者

约翰·戈登（John Golden）

献给我的孩子茱莲妮（Jolene）和大卫（David），

他们仿佛是能把任何东西卖给我的天才销售。

也献给莎拉（Sarah），

感谢她的阅读、鼓励和从不怀疑。

前　言

为什么要用科学来销售？

我们正处于科学的革命之中。在过去的几十年里，有关人类大脑如何决策及哪些因素会影响我们的说话、行动和购买决定的研究出现了爆炸式的增长。如果能更深入地理解我们为何会花钱，那么所有人都能从中受益，其中一个群体尤为突出，因为这些科学上的突破可能带来无法言喻的成功，甚至是整个行业的革命——如果他们知道该如何运用的话。

这个群体就是销售人员。在美国，每9名雇员中就有1名从事销售业。（这还没有算上数以百万每天都在进行间接销售，甚至自己都没有意识到的人——比如在老板面前呈现一个新想法，或者鼓励朋友养成一个更健康的习惯。）尽管从事销售业的人群形成了庞大的规模，但这个行业却相当的混乱。研究机构 CSO Insights 的多份报告表明，有高达半数的销售人员无法完成指标。更紧急的问题是其背后的原因：许多常见的销售技术实际上在降低业绩。有一项研究发现，销售人员进行的大部分行为都会妨碍销售的实现。（在本书中，我会提醒你注意这些毁灭性的行为，以及该如何改正这些行为。）

更有甚者，潜在的顾客如今可以轻而易举地在网络上获取信息。这些顾客有能力了解所有提供某种产品或服务的卖家，并从中选择自己想要的。因此，销售人员介入购物周期的时机已经被延后到了史无前例的位置，也就是说，在买家已经找出了那些提供类似产品或服务的商家之后，这些因素已经形成了一个超竞争的市场，其中的销售人员不得不为了每一次销售而全力以赴。

虽然市场已经变化了，但我们的销售方法却没有变化。销售代表、经理和商业领袖基本都承认，过去的策略已经行不通了。而身处销售世界中的人想要知道该怎么做，以及到哪里去寻找新的、有效的解决方案。

我在与一位老同事（姑且叫他老毕吧）聊到新的销售培训环境时发现了这个问题。我们谈到了销售人员与买家培养亲密关系的方法。我推荐了他一个我觉得在增强联系时非常成功的方法。但令我没有想到的是，他并不认同。

老毕坚持认为我的方法不可靠，只不过是个过时的销售花招罢了。不服气的我向他解释了自己是如何利用这招增进亲密关系的。他则给我分享了他的经历。他从前虽然也采用过这样的策略，但是并没有收获任何积极的结果。我马上就发起反击，抛出了几个我培训过的销售人员运用这种策略成功的例子。而他则告诉我说，他在职业生涯早期也教过别人用这招，但结果都不怎么样。

我沉默了一会儿，既是为了避免与一位我敬仰又喜爱的同事之间爆发一场分不出胜负的辩论，也是因为我感到非常的困惑，为什么他拒绝接受我亲眼证实过的有用的销售工具？在职业生涯的这一时刻，我是一名非常成功的销售专业人士，在参与过的每一支销售团队中都跻身前列。多年来，我也一直是个高产的销售经理、销售主管和销售副总裁。毫无疑问，光凭我的成功应该就足以证明我的方法是有效的了。他为什么不相信我呢？是我错了吗？难道我一直在使用和教授的销售策略实际上正在妨碍销售业绩吗？

但是，我的荣誉显然无法让老毕盲目地顺从。毕竟他也是个多产的销售人员，一步步地成了成功的经理和教练。每当我用自己的成功事迹来证明我的正确时，他就会拿出他的成就来反驳我。

这时我就在想：我们都是各自依赖于个人的经验，并且用自己所知道的东西去证明我们的正确、其他人的错误的人。然而，我们两人的销售方法论都站不住脚，因为我们两人的销售方法并非基于能够反复证实有效性的事实证据。之所以我用我的方法能完成销售，是与我自己的琐碎经验和知识分不开的。老毕也是如此。于是我就慢慢地意识到，这对于我们认识的每一个销售人员来说都是一样的。就连销售人员得到的培训通常都是以来源于一个或几个个体的经验所得出的琐碎证据。无怪乎任何一种销售方法的成功复现率如此难以预料了，因为它的成功本身就经不起经验主义的验证。没有人在用科学来确认这些策略是否能一以贯之地生效。

我还意识到，在无法验证最有效的销售方法时，失败的可能性就会被放大。这是因为这种处境迫使你在销售过程中只能摸着石头过河。然而，在销售的世界里，失败是不可接受的。如果你是个销售人员，那么赢得销量的能力将会影响你的职业满意度、职业生涯的发展轨迹和你的收入。如果你是个销售经理或者商业领袖，那么你的成功就离不开手下的那些销售人员的业绩。

之所以销售能力并不是一个小问题，是因为它将决定你职业生涯的成功，从而影响你的生活质量。即便你并不是销售行业的直接从业者，也逃脱不了这一规律。例如，如果你去参加求职面试，那么你就会尝试在未来雇主面前推销自己和自己的技能。如果你正在创立一家新公司，那么展现想法和赢得客户的能力将会决定你的公司能否存活下去。销售是这个社会的命脉，它影响了我们生活的许多方面。这就是为什么我们每一个人都需要具备久经考验的、有研究依据的成功的销售方法，因为无论我们想在生活中实现什么，这都是至关重要的。

为什么销售人员依然重要

我开始搜寻真正的答案、研究不同的销售系统，希望能从中找到一种以实证为基础的销售方法。然而，在探索了各种知名的销售教练和公司的数不胜数的方法后，我却变得越来越失望。虽然每一种培训体系都宣称自己是正确的或者最棒的，但没有一个能拿出决定性的证据来支持这样的宣传。

在这些销售方法中筛选了足足几年时间后，我做出了一个在当时看来近乎疯狂的决定。我决定从头开始，丢掉我在销售方面的所有成功经验。我抱持着一种怀疑态度，认定如果能找到我们决定购买某件东西背后的原因和过程，那么我就能将其作为风向标，确定什么样的销售策略比其他的更有效。

我刚开始开展这项可能要延续10年左右的事业时，还不太清楚该到哪里去寻找答案。于是我利用了在撰写关于非语言沟通的硕士论文时所学到的研究技巧，着手分析销售人员经常采取的许多活动和行为。

当我对每一种活动和行为庖丁解牛时，我惊讶地发现，销售人员所做的每一件事情的基本目的都是要影响别人。不管这个销售人员是在进行售前准备、发现买家的需求、呈现某种产品或服务，还是达成交易，这都不例外。即使销售人员是在利用社交媒体、客户关系管理（CRM）系统或者销售情报机构，也都会采取这样的行动，希望这一方法能帮助他们积极地影响未来的客户。

我的研究很快就清晰地说明，影响力是销售的基础，是它激发了别人认真思考某个想法，并采取相应的行动。光靠信息本身几乎不可能说服别人采取行动。（如果可以的话，那还要销售人员干啥呢？）相反，让人们行动起来的关键在于如何呈现信息和谁将信息呈献给他们。正如神经系统科学家格雷戈里·伯恩斯（Gregory Berns）所解释的那样："谁都可能拥有世界上最伟大的想法——绝无仅有、超凡脱俗——但如果他不能让足够多的人相信，那就都是白搭。"

当然了，在这个技术成熟的世界里，潜在客户现在只要在网络上惊鸿一瞥，就能从这些信息中形成对于一家公司、一种产品或者一项服务的第一印象了。但这并不会否定销售人员的价值。实际上，这反而让他们变得比过去任何时候都更加重要。买家几乎不会纯粹根据互联网上所提供的信息采取购买行动，除非这一产品或者服务是非常低价、低风险的。在任何其他的情况下，尤其是在购买高价、高风险的东西时，潜在客户只有与销售人员交流，才能做出有道理的、有信心的决定。

当《商业与工业品营销杂志》（*Journal of Business & Industrial Marketing*）发表了一项关于买家如何因互联网而改变购买行为的调查结果时，这一情况就展露无遗了。该调查表明，他们依然认为销售人员是比互联网更为重要的信息来源。销售界的思想领袖本·夏皮罗（Ben Shapiro）和约翰·J. 斯维克拉（John J. Sviokla）解释得好："尽管信息和通信技术贡献了庞大的信息，但销售在很大程度上依然是一则与人际关系相关的方程式，要通过找出动机、需求和感觉的巧妙能力来引导。"

换句话说，尽管信息和通信技术在如今的销售和购买中起到了不可否认的作用，但人们依然是从人的手中购买东西的。研究已经表明，通过人际关系传递的劝诱之词效力更强，而且销售人员所创造的关系能鼓励信心十足的购买决策。这就是为什么销售人员需要知道如何在购买过程中引导买家，以及哪些基于实证的销售策略能帮助客户做出正确的选择。

为什么用科学来销售可以提升销量

在开始研究销售中影响力所起到的作用时，我偶然发现了一本学术期刊，里面的一些研究透露了影响力是怎么形成的。这些经验为我的研究提供了燃料，因为我激动地发现，如今的科学社区对于哪些行为尤其能支持和激发影响力已经形成了共识。行为科学家道格拉斯·肯里克（Douglas Kenrick）、桑福德·布拉维尔（Sanford Braver）证实，"说服力的研究再也不只是难以捉摸的艺术了。它现在是一门可以复现结果的科学。不仅如此，处于这一科学过程的任何人都能重现其结果"。

有数千项科学研究专注于理解产生影响力的行为。这让影响他人的过程从一门艺术转变成了一门实证科学。我细细品读了学术期刊，还系统地调查了一系列的科学学科，例如被定义为"关于人们互相之间如何思考、影响和关联的科学研究"的社会心理学。我还深入了解了交际理论，即人类如何进行语言和非语言交流的科学研究。这些研究让我深刻理解了某些交际信号能如何提高一个人对劝诱之词或想法的接受程度。

带来一些有价值的观念的第三个领域就是神经科学。我尤其关注认知神经科学和社会神经科学方面的进展。我研究了人们的思想、情感和行为是如何发生的，以及各自受到影响的方式。我还调查了大脑是如何感知、学习和保存信息的。

认知心理学（专注于心理过程，例如注意力、感知、批判性思维和解决问题）提供了许多有意义的见解，指引我抓住影响力如何发生，以及购买决策如何形成的关键所在。

最后，同样重要的是，我探索了行为经济学。行为经济学是社会科学和经济理论的集大成者，指引我发现了鼓励购买决策的各大因素。

当我将研究所收集的信息放在这些科学学科中加以分析时，看待销售行为的眼光就发生了本质的变化。我再也不会盲人摸象般寻找销售的最佳方法了。相反，有了这些知识，我可以发展出有效的销售策略，并将其成功地运用到任何情况中去。换句话说，我弄清楚了如何改变看待销售的方式，明白了如何将其从一种有些人有，有些人没有的与生俱来的天赋，转变成任何人都能学习的可预测的科学。

下面，是时候重新走入销售的世界，开始验证我在现实生活中所学到的经验教训了。

我将自己作为第一个测试对象，加入一支有名的销售团队，并利用收集到的科学原理来进行销售活动。改进效果立竿见影。我马上就注意到，我可以更快地建立信任，更准确地诊断购买行为，卖得比竞争对手更多，并且通过销售的几个关键阶段，毫无障碍地引导买家。在几个月的时间里，我就成了公司里业绩最佳的销售人员。

其他人也注意到了这些变化。我的同事开始向我寻求建议。雇用我的销售公司请我为整支销售团队进行培训。然而，和过去的培训不同，这一次，我确切无疑地知道自己手上的策略能引导这些学员通过努力不断地取得成功。接下来发生的事令我感到震惊。我原以为当销售人员开始运用科学之力时，销量会取得合理的提高。但我错了。销量发生了夸张的提高。公司的交易达成率提高了92%，而销售收入增长了156%。

从那以后，我就开始受邀为各种各样的组织提供培训和咨询。我正式建立了霍菲尔德集团（Hoffeld Group），它后来成长为一家领先的以研究为基础的销售培训、教练和咨询公司，特色是采用科学的方法并将其运用到销售中去。最后，这让我有机会以更大的规模为销售人员、管理人员、商业领袖和首席执行官们提供培训、知识和策略，让他们的销售业绩更上一层楼。

当我第一次采用有科学依据的销售方法进行教学时，我的客户的销售成果得到了大幅度的提高。一位客户的平均销售业绩提高了34%；另一位得到了迅猛的销售增长，总体销量提高了230个百分点。

除此之外，通过我的教学，得到提升的不仅是销量，还有客户的忠诚度。到目前为止，我培训和咨询过的一家公司的客户流失率降低了近50%！

我还注意到，这些知识可以被运用到各种各样的销售环境中去。无论销售周期有多长，或者销售规模有多大，我基于研究所开发的方法都能全面地提升销售业绩。

让我印象最深的是，销售人员不仅卖得更多更好了，而且还接连不断地报告说，客户和买家对于推销的满意程度也有了大幅提高。这是自然的：当销售人员的活动和行为符合影响力的科学时，实际上他们的销售与人类天生的接受消息和做出购买决策的方法是完全契合的。在买卖双方之间的这种和谐增强了买家对销售人员自卖自夸的接受程度，也提高了促成销售的可能性。

尽管我现在就可以证明，用科学来销售可以让任何人变得更加成功，但我依然觉得需要让自己的研究经历另一场考验。我想要退后一步，批判性地分析自己现在所观察到的东西，因为我和我的学员们正在取得的成就似乎美好得令人难以置信。于是我决定进入哈佛商学院，在研究销售的道路上继续深造。我还利用这一机会将自己的研究发现分享给了同学和一些在销售和市场营销专业任教的教授。在与一位教授的对话中，我意识到了用科学来销售可能产生多么深远的影响力。用科学来销售是销售行业一直以来所期待的，是这一行业中被老旧思想所困住的新鲜空气，是想要适应现代销售环境的奋力挣扎。我的研究和方法有可能改变整个销售行业。

我还开始进行一些独特的研究实验，分析各种各样的东西，比如大脑如何做出购买决策，并找出与销售业绩增长有关的核心部分。在本书中，我将会介绍这一研究发现，及其带来的革命性的创新，它不仅经历了实地测试的考验，而且还被全世界各地的公司和产业采纳，以大幅度地提升销售业绩。

这本书将会教你什么

我将本书分为三个部分。第一部分会提供给你关于销售的知识和背景，在使用第二部分所教授的策略时会需要它们。第三部分则会讨论以科学为基础的销售活动和如何做好准备，迎接未来持续不断的成功。

第一部分：用科学来销售的基础

在第一部分中，我会展示一个框架，让你把科学运用到任何的销售场景中去。这一部分的章节将会揭示每一种销售方法论对应的根本原理。因为这一部分所提供的知识将会让你学着将强大的科学应用到自己的职业和生活中的销售场景去，所以我强烈建议按部就班地阅读第一部分中的各个章节。

在第一章"销售人员为什么表现不佳"中，你会了解，销售人员的成功与组织的整体健康有着什么样的联系。然而，销售人员在如今错综复杂的市场环境中苦苦挣扎，而他们的职业生涯和公司也因此蒙受损失。本章将阐明销售人员所面临的障碍，并剖析他们苦苦挣扎的原因和扭转这一趋势的方法。

第二章"销售影响力的两大方法"会讨论一项科学研究，它展现了影响他人的两种基本途径。销售人员必须利用这两种方法来提高成功的机会。我在全篇中都插入了有趣的故事和现实世界中的案例，阐释人们如何在实战中运用这两大说服别人的方法。你还会学到许许多多的实践策略，它们会帮助你在销售时产生更大的影响力。

第三章"大脑的购买天性"揭示了一项开创性的销售研究，证实了大脑在进行购买决策时的一系列活动。该决策是由一系列微小的、递增的决定组成的，它会自然而然地引导顾客的想法，让顾客经历一段同意的过程，抵达最后的购买决定。6个为什么（The Six Whys）包括6个具体问题，代表了大脑在形成购买决策时所经历的思维步骤。在本章中，我会告诉你如何组织销售过程，一一解答6个为什么，从而让你的销售方法与买家形成购买决策的思维方式保持一致，并因此大幅度地增加赢得销售的机会。

第四章"针对买家的情感来销售"会探索大脑通过情感来指派意义和价值的方法背后的科学。有一项引人注目的研究表明，如果潜在客户无法与产品或服务形成情感上的联系，那么他就不会花心思去购买了。这就是为什么情感是销售成功的一项决定性因素。在本章中，我会透露情感状态的两个基本类型，并分享诸多可以用来刺激客户情感并增强购买行为的策略。

第二部分：销售人员的工具箱

就连经验丰富的销售人员都经常做出违背科学的行为，影响自己的销售业绩。在第二部分里，你将学到该如何将科学运用到销售的主要部分中，从而避免犯下这些错误。

　　第五章"用科学提出强有力的问题"讲述的主题是如何提出好的问题。尽管在与客户和潜在买家之间创造成功的关系时，提问毫无疑问是关键性的任务，但是销售人员训练有素的组织问题的方法却与大脑揭示信息的方法针锋相对，而且会鼓励买家不要分享关键的信息。这一章节首先提供了科学证据，展示了大脑天生是如何传递信息的。接着，我会分享一种实用且易用的提问策略，契合大脑泄露信息的方式，而且我还会演示如何在各种各样的场景下加以运用。

　　在第六章"人们为什么购买"中，你将探索如何寻找合适的条件来让潜在客户购买某种产品或服务。这些购买的导火索被称为基本购买激励因素。一旦确定了买家的基本购买激励因素，你就能据此量身定做销售过程，用真正对潜在客户有意义的方法来演示实质性的价值。

　　第七章"创造价值、压制对手，并克服异议"探究的是如何运用科学来创造价值、降低竞争对手的影响力及克服有挑战性的障碍的能力。本章将会带你深入观察买家的思维，并教你在了解了大脑对他人、产品和服务形成正面感知的过程后，该如何进行销售。

　　在第八章"重新定义成交：获得战略认可"中，我证明了大部分销售人员所学到的成交的方法都是过时而无效的。实际上，大部分成交的手段与大脑与生俱来的做出购买决策的方法南辕北辙，因此也会激起买家的压力和焦虑等负面情感。这一章节充满了强有力的成交策略，它们都符合决策制定的科学原理，且事实证明能提高销售成果。你会发现，尽管有利的购买决策可能只有到了成交时才会出现，但你却必须在整个销售过程中悉心地培养它。这可以确保对于买卖双方而言，成交都是一项没有压力的活动，这也会让买家更容易成为你的回头客。

在第九章"五大基于科学的销售演示策略"中，你会明白是什么让一场演示令人高度信服，而另一场演示则平淡无奇。我还会告诉你如何运用诸多的科学策略，来改进任何销售演示的效力。在本章结束时，你通过演示引导有利的购买决策的能力将会提升到一个空前的高度。

第三部分：融合科学与销售

本书的第三部分由终章"销售的未来"组成。当科学开始渗透进销售时，将会产生三场重大的变化，而我将在此一一探究。我还会描述促成销售业绩大幅提高的五大核心品质，而销售的雇用政策也应该以之为导向。接着，你会明白科学与销售的融合为什么会改变销售的未来，以及你如何才能走在这一转型的最前线。

销售是一项高尚而必要的活动，对每一家组织来说都是关键的事业。我认为那些从事销售专业的人，以及在日常生活中不得不进行任何形式的间接销售的人（也就是我们所有人），都应当了解这门可以提高成功率、增强销售能力的强大的科学。我还认为，销售是如此重要，必须以实证科学为基础。我希望，在装备了从本书中学到的知识和有研究依据的方法和策略后，你、你的同事和你的客户都能从长期且兴旺的商业关系中受益。

那么，你具体该如何做到这一点呢？翻开下一页，我们将首先看看销售人员业绩不佳的原因，以及该怎么做才能确保你的成功。

目 录

第一部分　用科学来销售的基础

第七章　创造价值、压制对手，并克服异议

第八章　重新定义成交：获得战略认可

第九章　五大基于科学的销售演示策略

第三部分　科学销售必将成为未来趋势

第十章　销售的未来

第一部分

用科学来销售的基础

第一章
销售人员为什么表现不佳

几年前在《哈佛商业评论》（*Harvard Business Review*）上发表的一篇研究性文章应该会让每一个销售从业人员浑身一颤。这是为什么呢？这些研究人员在分析了 800 名销售人员在销售对话中的行为时发现，只有 37% 的销售人员能一直保持良好的表现。更可怕的是，在剩下的 63% 里，有些人的行为还会影响他们的表现。换句话说，这些销售人员的销售方法其实正在阻碍他们完成销售。

不幸的是，像这些销售人员一样苦苦挣扎的人并不在少数。销售生产力的低下是一个毁灭性的问题。实际上，有多项调查衡量了共计数千家公司的销售表现，发现在所有的销售人员当中，有 38% 至 49% 的人都没能完成年度指标。这意味着在每 10 个专业销售人员当中就有 4 到 5 个人无法满足公司所规定的最低标准。

销售人员的销售方法是一个足以影响到关键任务的问题，因为他们在与潜在客户交互时采取的行为是客户购买决策中的一项决定性因素。例如，当绩效评估公司齐力集团（Chally Group）进行一系列研究，仔细观察了 10 万多名消费者的购买行为时指出，销售人员是买家选择从这家选购而非别家的决定性因素。此外，领先的咨询公司 CEB 发表的研究表明，在顾客的忠诚度（即顾客反复地选择从同一家公司购买）中有 53% 并不是产品、公司或服务所产生的结果，而是销售人员在销售时所采用的行为的结果。公司的命运与销售人员牢不可分，因为他们行使着两项必要的职能：创造顾客和生产收益。

正如传奇的管理学专家、诸多足以改变文化的商业图书的作者彼得·德鲁克（Peter Drucker）所说："商业目的只有一种有效的定义：创造顾客。"话虽如此，但销售的挑战性已经达到了历史新高，这也是毋庸置疑的。市场的竞争极其激烈。潜在顾客总会遭到为了争取业绩而奋斗的销售人员的狂轰滥炸。与此同时，买家也变得极其忙碌，没有那么多的时间来和销售人员打交道了。令局面变得更为复杂的是，正如笔者在前言中所说，信息技术让买家有能力在与销售人员对话之前，到网上去研究潜在的解决方案。因此，销售人员现在进入买家的决策过程中的时机比从前任何时候来得都要晚。这些数据表明，在销售人员有机会接触潜在客户之前，后者的购买周期就已经完成了 60% 左右。由于这些新的现实情况，销售人员已经失去了任何犯错的余地。他们的销售环境现在变得极度复杂和激烈，每一次销售行为都免不了与竞争对手鏖战。

火上浇油的是，这些令人却步的挑战并不是销售人员苦苦挣扎的唯一原因。

光靠天赋已经不行了

多年来，销售社区中的许多人都认为，销售的成功取决于先天的交流技能和合群的性格。这种假设是这样的，如果你没有"它"，那么也不可能学到它。然而，最近几十年来，一大波关于人们成功原因的科学研究已经证伪了这一说法。尽管有些人的确具备较高程度的天赋能力，但光靠天赋并不足以让你成为业绩最佳的销售人员。因为，在这个竞争异常激烈的市场中，你必须不断地提高自己的知识和技能。

如果你想在如今的销售中取得成功，那么就必须在销售中超越你的天赋能力。

在斯坦福大学心理学教授卡罗尔·德韦克（Carol Dweck）的作品中可以看到一个这方面的非常有趣的例子。她开展了多项有关人的精神力如何影响人的表现的研究。

她发现人们往往会倾向于接受两种常见观念的其中之一：

1. 固定型思维方式：相信人几乎不可能改变自己的能力。

2. 发展型思维方式：相信人通过努力就可以提高自己的能力。

下面的小问卷会帮助你识别自己拥有的是哪种思维方式。

问卷

你认为下面哪些说法是正确的？

1. 你的销售能力属于你的本性，是不能改变的。

2. 无论你多么擅长销售，都有改进的空间。

3. 虽然你可以学到新的销售策略，但并不能多大地改变影响他人的能力。

4. 销售是一项可以开发的技能，无论你的天赋能力或者性格如何。

选项 1 和 3 是固定型思维方式的表现，而选项 2 和 4 是发展型思维方式的表现。

那么，这些思维方式会影响销售成果吗？答案是会，因为这些精神力所产生的结果是完完全全不同的。拥有发展型思维方式的人成功的机会要远远超过那些没有这种思维方式的人。发展型思维方式能推动更高成就的主要原因在于，它会改变大脑对失败的感知。那些具有固定型思维方式的人更容易将失败视为对自身的评判。如果失败了，那他们感受到的就是失败。与此相反，拥有发展型思维方式的人则将失败视为一种反馈，从而明白该如何适应和提升自己的能力，达到更高的层次。

多年来，我已经从这两类销售人员的表现之间见识到了天壤之别。一类人满足于依赖自己的天赋，完成勉强达标的销售量（固定型思维方式），而另一类人则努力地超越自身天赋，实现甚至突破每年的销售目标（发展型思维方式）。实际上，这是我建议销售领袖在招聘空缺的销售职位时应当考量的项目之一。（我们会在第十章详细讲解如何招聘。）那些拥有发展型观念的人成功的动机更强，并因此成为业绩尖子的机会更高。

那么你呢？如果你拥有发展型的思维方式，那真是太棒了！但如果你拥有固定型的思维方式，那么就应该对症下药了，因为它会阻碍你的发展，导致你无法实现期望的成功高度。好消息是，你可以改变你的思维方式。只要选择接受一种新的、赋予力量的信仰，相信销售技能就像是肌肉，可以持续不断地增强，那么你就能激发出实现优秀销售业绩所必需的工作理念。

销售培训还没成为必修课……要抓紧啊！

为什么销售精英能让销售看起来如此轻松？我们很容易会觉得他们就

是天生擅长销售。但请你放心，他们之所以让销售看起来如此轻松，是因为得到了有效的培训。科学已经证明，这些人的大脑已经在培训中发生了变化，而这就是让他们成功执行销售行为的原因。下面就让我来解释一下。

过去的人们认为，人类的大脑是静态的，在成年之后就不再发生变化。然而，神经科学最近已经证明，大脑包含了许多会根据一个人的思想、行为和经验不断发生变化的神经元。神经科学家将大脑的这种弹性称为"神经可塑性"。

在学习任何新的行为时，你的大脑就会发生变化，创造出新的神经通路。这些神经通路被使用得越是频繁，发展得就越快。于是，你在从事相关活动时的熟练程度就越高。

例如，在《美国国家科学院院刊》（*Proceedings of the National Academy of Sciences*）上发表的研究分析了一些经验丰富的伦敦出租车司机的大脑，这些人都擅长在伦敦错综复杂的街道中穿梭。研究人员发现，在出租车司机的大脑中，处理空间关系（导航）的部分（海马体）的个头变大了，包含的神经网络数量也有所增加。换句话说，这些出租车司机已经改变了自己的大脑。

通过基本相同的方式，当销售人员经历有效的培训时，他们的大脑也会得到改造。新的神经元集群产生，与过去所学到的行为相连接的原有集群则得到强化。

下面这两个极佳的例子阐明了培训是如何改变大脑，并让人们得以表现出超越天赋的能力的。

行为科学家K. 安德斯·艾利克森（K. Anders Ericsson）领导了一系列时间跨度接近30年的研究，探寻培训是如何产生超乎寻常的优秀业绩的。

在最著名的一项研究中，艾利克森和另外两名研究人员想知道如何通过持续的训练来增强记忆力。他们招募了一位智商和记忆力都属一般水平的大学生（按照姓名首字母称呼为 S.F.）。在听到一串数字之后，他可以回忆起大约7个来。而在经历了几百个小时的记忆力增强训练后，S.F. 大幅度突破了训练的目标（14 个数字），竟然能够记住 82 个随机数字了。为了让你也体会一下训练的变化有多大，下面有 82 个随机的数字。仔细看一看，试着把它们都记在你的脑子里。这可没有看起来这么简单哟！

2479362532689110363261734627
9014978252351792845279214059
63705279566821720864869521

研究人员将他记忆力的大幅提高归功于记忆联系（mnemonic associations）（例如将随机数字转换成有联系的时间，比方说 247 表示 2 分 47 秒）和无休止的训练。

大量的研究人员和参与者已经多次再现了记忆力训练的效果。佛罗里达州立大学（Florida State University）的行为科学家分析了这一领域数十年来的研究，得出结论说："在提供指导和支持性的训练环境的条件下，没有证据可以表明，积极而健康的成年人可能因为任何因素而无法练出超常的记忆力。"更有意思的是，艾利克森和其他人分析发现，人们能在商业、音乐、数学和体育等领域成为具备非凡能力的专家，大多是因为持续不断的训练。

另一个说明培训能够大幅提高技能水平的饶有趣味的例子来自贝蒂·爱德华兹（Betty Edwards）。这位美术老师专门教一些水平一般的人如何画出令人惊叹的自画像。要完成如此的壮举，她不需要几年、几个月甚至是几周时间。她只要 5 天时间就能做到。在她的作品《用右脑绘画》（*The New Drawing on the Right Side of the Brain*）中，爱德华兹写道，一旦明白了绘画的技术组成部分，你就可以通过专心致志的练习快速获得进步。她强调说，大部分人缺的并不是绘画的技能，而是观察的技能。她宣称，在教会学生如何感知例如线条、空间、光线、阴影和物体之间的关系之类的事物后，他们的绘画能力就能得到迅速的提高。

类似地，我也亲眼看到过一些销售人员，原本为了保住饭碗而疲于奔命，但在完成了高质量的销售培训后，就彻底改变了自己的职业生涯。不经历培训，销售人员是卖不出东西的。这是为什么呢？因为他们所得到的培训是销售哲学的创造来源，我将其称为"销售的真理"。这些培训决定了他们的销售方式，教会他们采用或者忽略哪些销售活动、行为、策略和技巧。正如列维商学院（Leavey School of Business）的教授詹姆斯·库泽斯（James Kouzes）和巴里·波斯纳（Barry Posner）所证实的那样，"培训的投入将得到长期的回报。人们无法完成不知道如何完成的事情……你必须升级自己的能力"。升级的办法就是培训他们，让他们做得更好。

不仅如此，在如今超竞争的市场里，如果销售人员没有得到适当的培训，那么就会落于人后。和其他任何技能一样，销售能力也必须得到开发。这就是为什么一支有能力的、训练有素的销售团队往往是公司里最重要的优势，而能力不足的团队则会成为最大的累赘。

尽管销售培训与销售人员、销售领袖和公司的成功有着千丝万缕的联系，但现代的销售培训存在一个明显的问题：大部分都没能为销售人员提供在如今这个备受挑战的商业环境中进行销售的能力。

现代销售培训尚未适应新的销售气象

尽管销售市场已经发生了翻天覆地的变化，但销售培训却没有发生变化。如果销售人员光靠那些被好几代人运用过的古老的销售策略，那一定会寸步难行。（在本书各个部分，我都会分享一些过时而无效的策略。）这就是为什么当销售人员在接受销售培训后，大部分内容都不会对其职业表现产生多少影响。这是值得警惕的。

例如，ES 研究组织（ES Research Group）和 CEB 发表的研究报告都指出，有 85%~90% 的销售培训在结束后都没能带来任何积极的影响。但不要妄下定论，这并不能否定能力培训的必要性，不过确实反映了现代销售培训没能满足销售人员需求的实际情况。

一方面，大部分销售培训对学员都没有产生什么影响；另一方面，本章的开头就已经讨论过销售人员生产力的普遍低下。当你将这两方面的情况联系在一起时，就会发现问题的所在。

虽然许多身处销售行业的人都意识到这一问题的存在，但却没法正确地认识其中的原因。大家往往把原因归结在各种各样的问题上，例如：

· 无法再接再厉，强化培训效果

· 无效地运用方法（比如社交销售）

· 将培训当作一场活动，而非一个过程

· 在培训之前对销售人员的评估不恰当（因此把力气花在解决错误的问题上）

· 参与者或者管理者对培训的信心不足

·没有把培训与公司的战略计划连接起来

虽然这些问题各个都应该得到解决，但有证据表明，销售培训和销售业绩之所以深陷水深火热之中，存在更加深刻的原因。

为什么销售应该专注于购买

在前言中，我说起几年前，在还没有深入挖掘和发展科学的销售策略时，我的销售方法是完全主观的，依赖于自己的观念和经验。在那以后，我就意识到，自己并不是唯一一个有这类问题的人。公司里几乎每一个人都在为这个问题发愁，因为现代的销售培训方法论并非建立在任何客观的标准之上，而是根植于猜测之中。

我知道，这么说听起来像是在大放厥词，那么就让我来解释一下其中的意思。在不久前，我主持了一场在线研讨会，听众都是来自诸多领先组织的销售人员。在演讲中，我在与会者当中做了一场调查，请他们做一道选择题："在你的组织中，销售行为的基础是什么？"换句话说，你为什么会按照现在的方法销售呢？下面是大家的回答：

1. 反复的尝试（45% 的参与者）。

2. 专家的建议（45% 的参与者）。

3. 单方面的思考（5% 的参与者）。

4. 不确定（5% 的参与者）。

5. 基于大脑构成购买决策方式的科学发现（0%）。

这些回答与我在多年来的大量培训班和研讨会中所收集到的信息完全

对应。最常见的两个答案一直都是反复的尝试和专家的建议。让我们稍等一下，想想这两者所产生的影响。

反复的尝试的不确定性主要有两个原因。第一，由于销售的动态本质，反复尝试某种销售策略来验证因果关系并不是一件易事。这个任务对科学家而言都很难应付，何况大部分销售人员和商业领袖都不熟悉该如何高效地进行这一复杂的过程。第二，反复尝试要花很多时间，而且创收（销售）绝不是什么可以随意实验的赌场。

专家的建议同样存在问题，因为他们的建议通常都基于一些脆弱的证据。这些专家会参考自己的个人经验或者对精英销售人员行为的观察。然而，遇到同样以自己的经验和观察为准绳的其他教练，双方的思想通常都会产生冲突。那么，你应该相信哪个专家，而且更重要的是，为什么相信他（她）呢？（这就和我在前言中描述的我与同事之间的辩论没什么两样。）更令人担忧的是，专家所推荐的许多销售技巧与科学所证明的大脑构成购买决策的方式有着明显的矛盾。换句话说，专家们常常会犯错。

在之前分享的调查中，从来没有被人选过的答案是"基于大脑构成购买决策方式的科学发现"。这就是销售问题的根源所在。

大部分销售人员学到的销售方法都是以销售为本的，而非购买。销售人员先了解了销售活动和行为，然后学习如何让买家遵从他们的销售模式。这恰恰与应有的做法南辕北辙。

想一想：销售难道不应该专注于人们的购买方式吗？销售人员如果不知道大脑的决策制定过程是怎么发生的，那么要如何引导买家呢？我知道这些问题有点深，但尽管如此，它们的重要性是确凿无疑的。如果销售人员、管理人员和教练不知道买家的头脑如何形成购买决策，那么能否知道某种销售行为是符合还是违背了这一过程呢？答案是显而易见的，不能。那么，销售人员所采取的大部分行为都在拖业绩的后腿，又有什么令人意外的呢？

但我们可以打破这样的局面。我的目标就是确保你的行事方法不会妨碍他人做出购买决定。因此，在我们开始讨论如何纠正这些行为之前，还必须首先迅速地了解一些例子，看看以猜想为基础的销售培训是如何把人们带入歧途的。

现代销售培训与科学之间的冲突

如果你发现，自己平时一直使用的销售策略和战术其实与人类受到影响的方式背道而驰，那么会作何想法呢？遗憾的是，你很可能就是这样的。这并不是你的错。许多流行的销售策略已经被科学证伪了。实际上，你会在本书中看到，各种最常被人称道的销售概念都与科学相违背，其中涵盖了例如预期、提问、呈现价值、创造紧迫感、为成本辩护、协商和成交等主题。当销售人员在销售中逆科学而行时，就会在不知不觉中以降低效力的方法进行销售。

下面是两个违反科学的常见的销售实践案例：

◇ 1号案例：外向者才是最好的销售人员吗？

传统的销售理念认为，最优秀的销售人员都是外向的人，开朗的、爱好社交的个体被认为天生拥有"把冰卖给因纽特人 ①"的能力。这种假设是错误的。

许多研究已经击碎了这一传说。对 35 项不同的研究进行分析的结论是，在外向和较高的销售业绩之间并不存在因果关系。

由沃顿的管理学教授亚当·格兰特（Adam Grant）进行的另一项研究分析了外向性对销售业绩所产生的效应。格兰特详细检查了 340 名销售代表在 3 个月时间内的成果。他发现，内向的销售人员每小时能创收 120.10 美元，而外向的人卖得多一点，平均为每小时 125.19 美元。但有意思的是，他们外向的程度越高，业绩就降得越低。

最令人感到意外的是，那些性格介于内向与外向之间（被称为中向）的人取得了最高的每小时收益，高达 208.34 美元！

外向者常常因为过于爱好社交而成为糟糕的销售人员，他们倾听买家的机会较少，从而阻碍了对买家想法的理解。这就是他们的败笔，因为如果不够了解潜在客户，就会无意识地以违背客户的需求和渴望的方法进行销售。

外向者的传说之所以如此长盛不衰，原因似乎是人们，尤其是在销售界，对外向者存在一种偏见，认为他们所参与的外向性的社交活动向来都与销售联系在一起。除此之外，直到最近为止，关于这一主题的科学调查都不成气候，因此谁都没有数据来提出令人信服的结果。于是，这一概念，就像许多其他错误概念一样，在销售领域一直挥之不去。

---

① 美国销售大师汤姆·霍普斯金的一个经典营销案例，比喻把一件很难销售的东西销售出去。

◇ 2号案例：如何开始一次销售对话？

在开始销售对话时，你是否应该询问买家心情如何？在销售教练之中，广为流行的共识是，这一问题的答案一定是否定的。他们认为，提出这样的问题"有推销的感觉"且"对交流没有任何贡献"。但是，事实真的如此吗？

虽然这看起来只是个微不足道的问题，但在影响他人时，一个小小的举动有时就能创造出乎意料的重大改变。

社会心理学家丹尼尔·霍华德（Daniel Howard）进行了一系列心理学研究，证明了这一简单的问题会大幅度地提高人们对劝诱之词的接受程度。霍华德与饥饿救济委员会（Hunger Relief Committee）的代表们合作，这些人的工作就是打电话给业主，询问他们是否愿意让组织派人登门拜访，并推销烘焙食物。

霍华德分析了这些代表在打电话时的套路。根据计算，在按照套路交流时，18% 的电话对象会接受他们的请求。在观察了该组织销售代表的固定问题后，霍华德让他们加入一处改动。在自我介绍之后，他要求他们询问潜在客户："您今天晚上感觉怎么样呀？"当销售代表提出这一问题时，绝大多数都能得到愉快的回答。这让接受率几乎翻了一倍：32% 的联系人同意让销售代表登门拜访！

霍华德并不满足于这项研究的极大成功，想要进一步证实，接受程度的大幅提高确实是由于这一句话和对方的回答所引起的。于是，他就组织了第二场研究实验，再度与饥饿救济委员会合作。他还是让代表们在电话的开始提问："今天晚上您感觉怎么样呀？"接受率与上一次实验时的水平几乎完全一致。接着，霍华德改变了套路，让代表们不再提问，"今天晚上您感觉怎么样呀？"而是单方面地陈述，"我希望您今天晚上感觉很好。"将提问改为陈述语气导致接受率降低到了仅仅15%。

在分析了研究的发现之后，霍华德解释说："在请求别人捐款之前，你要先问问他们感觉怎么样。当他们告诉你他们感觉不错以后，他们就更有可能献出一份力了。"（背后的原因将会在第八章中讲解。）

"顶级销售人员都是外向的人""在销售对话的开始绝不能询问买家感觉如何"，这些只是被科学驳倒的许多深入人心的销售思想中的两个概念而已。

既然你已经了解了问题所在，那么就让我们聊聊解决方案吧。销售行业是时候转向科学，并将其作为销售真理的唯一来源了。你再也不必在成功的道路上摸索前进。销售，和几乎其他任何学科一样，现在都可以将科学作为准绳。

第二章
销售影响力的两大方法

假设你正在与买家开会，进行一场正式的销售演示，而且你知道，某个直接竞争对手也会来这里进行他们的宣传。那么，你应该占得先机，还是后发制人呢？

行为科学家诺曼·米勒（Norman Miller）和唐纳德·坎贝尔（Donald Campbell）分析了演示的顺序对决策制定所造成的影响。他们的研究发现，应该在竞争对手之前还是之后进行演示，取决于一个因素：演示之间的间隔时间。如果你和竞争对手是接连演示的，那么你就该占得先机，因为你的演示会左右买家的看法，并产生令竞争对手处于不利位置的偏见。这是由于研究人员所谓的首因效应（primacy effect），即大脑具有受到先呈现的东西影响较大，受到后呈现的东西影响较小的倾向性。这也是第一印象重要的原因。它们会产生强烈的证据偏见（confirmation biases），影响一个人对其他人或情况的印象。如果你曾经费尽心机地想要弥补给别人带来的糟糕的第一印象的话，那就很清楚我在说什么了。

然而，该研究还表明，如果两次演示之间相差的时间很长，比如超过一周，那么你就该后发制人。这是因为关于竞争对手的记忆到时候已经淡化了，而你的演示则可以刷新买家的想法，增加对方选择你的机会。

这只是我们将在本章中所详细阐释的影响决策制定过程的诸多因素之一。购买决策的制定过程已经不再神秘了。这其中存在着科学，而一旦你理解了这门科学的规则，就能获得比不懂此道的竞争对手更大的优势。在本章中，我会把相关研究带出实验室，融入日常的销售环境中，告诉你该如何利用它，帮助你更成功地推销自己和你的产品或服务。

影响力的作用方式

数十年来，科学家们一直在探究影响力的作用方式。行为科学家理查德·佩蒂（Richard Petty）和约翰·卡乔波（John Cacioppo）开展了一场新概念的研究，了解为什么某些信息会被认为更有可信度。通过各种各样的实验，分析大脑接受劝诱信息的方式，他们得到了不可思议的成果，解构了影响力的作用过程。

佩蒂和卡乔波发现，大脑是通过两种不同的方式来接受影响力的：一种是外围途径（信息之外的影响因素），另一种是中央途径（信息本身的影响力）。这些心理上的通道齐头并进，也相互连接，被科学家们称为"并行处理"（parallel processing）。理解这两种影响方式是极其重要的，因为它们决定了别人如何接受、理解和回应你的想法及你该采取什么样的对策。

这两种影响力的作用方法是有效的销售过程的核心，也左右了每一次销售对话的结果。实际上，如果想要在销售上取得高度成功，你就必须学会运用这两条获取影响力的途径。如果不加以利用，或者在无意中反其道而销售，那么你影响他人的能力就会受到严重削弱，从而降低销售业绩。

让我们来看看这两条途径长什么样，以及在销售中该如何加以应用。

影响力的外围途径

影响力的外围途径虽然指的是信息本身之外的因素，但依然对我们的决策过程有着重要的影响。它包括了例如建立密切关系、强势地演示产品或服务、增进信赖等销售上的基本元素。

这种影响力的方法由一系列精神反射（mental reflexes）组成，它们被称为"捷思"（heuristics）。这些心理上的捷径会以条件性的反应为基础，形成观念，从而让大脑在不主动思索当前的问题或情况的前提下迅速做出判断。大脑是一种高效得不可思议的器官，能够本能地创造"捷思"，即经验法则，从而实现快速地制定决策的功能。

大脑在不假思索间会影响我们的决策，尽管这听起来有些古怪或者令人惊恐，但大脑抄这些近路也是逼不得已。如果不这么做的话，你就会因为每天要做出的数不胜数的决定而彻底瘫痪了！

尽管捷思驱使着我们的行为，但大多数人都没有意识到它们的存在，因此，也从未想到过它们的影响力。正如诺贝尔经济学奖得主、认知心理学家丹尼尔·卡尼曼（Daniel Kahneman）证明的那样："捷思几乎甚至完全不需要耗费精力，也不涉及自主控制。"哈佛商学院的艾米·库迪（Amy Cuddy）也认为，它们是本能的，通过"非常无意识和隐式的过程"自然地发生。

关于捷思，你还需要知道另一件非常重要的事情。它们并不总是合理的。因为这些心理结构是在意识层面之下运作的，所以其分析方法不一定与思想或者信仰相同。芝加哥大学的教授、行为经济学家理查德·泰勒（Richard Thaler）是这样解释的，"捷思会导致人们犯下可预料的错误"。

这方面的一个著名例子来自一场实验。研究者询问国际航班的乘客愿意花多少钱为下一次出行购买 10 万美元的人寿保险。一些乘客被告知保险条例规定任何死因都能得到理赔，而另一些则被告知只有死于恐怖袭击时才能得到理赔。令人吃惊的是，比起任何死因都能理赔的条款，人们更愿意购买只有恐怖袭击才能理赔的保险。（与恐怖袭击相关联的恐惧感引发了非常强烈的情感反应，导致他们为与此威胁直接相关的保险条款赋予了更高的价值。）

这样的行为在逻辑上并不合理，这是因为，捷思也并非逻辑合理的。这就是为什么我们的大脑经常无法做出合乎逻辑的决定。然而，捷思的强大之处在于（尽管不合乎逻辑），它们是可预测的。正如泰勒所说，它们会导致"可预料的错误"。另一位赫赫有名的行为经济学家丹·艾瑞里（Dan Ariely）甚至发明了"可预见的非理性"（predictably irrational）一词来描述这一现象。他指出人类行为"既不是随机的，也不是无意识的。它们是系统的，而且既然我们在不断地重复它们，也就成了可预见的"。

捷思的力量就在于此。它们是影响力的规则。一旦你了解了它们，并根据它们来进行销售，那么你影响他人的能力就会得到增强。这是为什么呢？因为，你的行为与大脑做出选择的方式一致。

下面有 4 种有效而又实用的捷思，可以让你更好地帮助潜在客户以期望的方向接受你和你的信息：

◇ 1 号捷思：对单一选项的厌恶

呈现给别人的产品选项的数量是否会影响购买与否的决策呢？这是行为科学家丹尼尔·莫雄（Daniel Mochon）想要解答的问题。他发表在《消费者研究杂志》（*Journal of Consumer Research*）上的研究证实，产品选项的数量确实对购买行为有着重大的影响。

在其中一项研究中，他让消费者购买一台 DVD 播放机。在展示一台 DVD 播放机时，只有 10% 的人会购买。然而，在展示两个不同的品牌之后，销量就出现了蹿升，高达 34% 的人愿意购买最初的那款 DVD 播放机，而 32% 的人愿意购买第二款 DVD 播放机。当展示了两个选项后，加起来就有多达 66% 的购物者愿意购买至少一台 DVD 播放机了。

当买家只看到单一的产品或服务时，很少会产生足够强的信心，做出积极的购买决策，反而会想要寻找替代品。其原因就在于对单一选项的厌恶（single-option aversion）。这种捷思会导致大脑在选择集合中只存在一个选项时对决策赋予更高的风险性。如果没有可供比较的相似产品或服务，那大脑就很难判别价值，决策制定的过程也往往停滞不前。

而在另一方面，当大脑面对有可比性的选择时，就会自动评估每一个选择的价值，并选择其中最好的。这种评估就大幅度降低了风险和对做出糟糕决定的担忧。

◇ 2 号捷思：非对称优势效应

在对比差距极大的产品或服务选项时，买家就经常会难以做出抉择。这是因为对于大脑来说分析风马牛不相及的选择是个非常有挑战性的任务。实际上，许多人都将其形容为拿苹果与橘子做比较。

想象一下吧。如果你肚子很饿，面前有苹果或橘子这两个选择，而你又对两者没有特别的偏爱，那么该怎么选呢？可能性最大的情况是，大脑难以比较这两个选项。这一难题会阻碍决策的过程。

当潜在客户尝试在并不相似但却相互竞争的选项中做出决定时，就会发生这样的事。在如此情况下，有一种出乎意料但却极其有效的方法可以帮助大脑做决定，那就是介绍第三种选项，而且这个选项比不上其他两种选项。差劲的选择会让较好的选择看起来更有吸引力。

在刚才的例子中，如果再拿出一个烂苹果，那么大脑就会无意识地评判两个苹果，并选择更好的那一个。相对于烂苹果的优势会让大脑觉得好的苹果吸引力更强，从而提高选择苹果而非橘子的概率。

提供诱饵来让大脑更容易做出决定的概念被称为"非对称优势效应（asymmetric dominance effect）"。它最早由三名行为科学家于1982年提出。在此之后，学界出现了大量的相关研究和证明。

在这些研究中，最出色的一则来自丹·艾瑞里，他论证了非对称优势效应改变观念的方式，他认为这一概念还可以导致平均销售价格的提高。在其中一项实验里，艾瑞里请麻省理工斯隆管理学院的学生评估几种《经济学人》杂志的订阅选择。

1号实验：学生可以在两种年度订阅方式中选择。

选项1：在线版，售价59美元

选项2：印刷版加在线版，售价125美元

在这一实验中，68%的学生选择了印刷版加在线版的选项，只有32%的人选择了仅在线版。

2号实验：学生可以在三种年度订阅方式中选择。

选项1：在线版，售价59美元

选项2：仅印刷版，售价125美元（新选项）

选项3：印刷版加在线版，售价125美元

选项 2 的增加导致了平均销量的骤升。有 84% 的学生选择了印刷版加在线版的选项，而只有 16% 的人选择仅在线版。没有人选择仅印刷版的选项。

在评估截然不同的选项时，买家常常会感到不知所措。这会让他们因为无法做出决定而产生挫败感。在这种情况下，你就可以采用非对称优势效应，让比较选项变得不那么考验大脑的认知，从而释放客户的压力。

例如，我认识一名客户，在与买家一起定制产品时，经常会因为买家在两个竞争选项之间犹豫不决而陷入僵局。我教了这名客户许多基于科学的策略来打破这种困境，其中之一便是非对称优势效应。他们后来是这样做的：当潜在客户在两个选项之间挣扎时，销售人员就会提出另一个与其中一个选项类似但比较差的选项。买家就会很快表示新的选项并不适合他们，随后选择相比之下较好的那个选项的机会就会更大，而不是悬而不决。这是为什么呢？当大脑排除这个新选项时，就会将其与最为相似的那个选项进行比较。这样的优劣对比就会让这个选项看起来比另外一个更加安全，因此也就大幅度地提高了选择它的概率。

◇ 3 号捷思：喜爱偏见

你需要找一个和你几乎毫无瓜葛的人。接着，想象一下一位亲密的朋友告诉你说，她对你赞誉有加。你对她的看法会改变吗？在大多数情况下，你会不假思索地开始对她高看一眼。其原因就是被我称为喜爱偏见（likability bias）的捷思。

并不是只有你具备这样的捷思，你的买家也不例外。喜爱会对销售产生很大的影响，因为它会左右潜在客户对你和你所做的每一件事情的看法。

行为科学家乔纳森·弗伦岑（Jonathan Frenzen）和哈利·戴维斯（Harry Davis）发现，喜爱对于购买行为的影响几乎与产品或服务本身相当。更有甚者，大量的科学研究已经表明，喜爱也会增强一个人对他人产生积极影响的能力。弗洛伊德（Freud）就曾深刻地描述过这一事实："在不友好的人面前，解释是无用的。"

在一项科学研究中，喜爱偏好的重要性得到了充分的体现。它分析了当两名竞争关系的政治领袖采用对手的观点，甚至原封不动地照搬对手的说辞时，选民们所产生的反应。该研究发现，当双方提出相同的意见时，政客所属政党的支持者对他的支持率要远远高于对对方政客的支持率。

销售离不开关系，因此讨人喜爱并不是什么额外的奢侈，而是生存的先决条件。当买家不喜欢销售人员时，他们就无法把注意力集中起来，无法达成有意义的合作，实现共同的目标。

在《哈佛商业评论》上发表的一篇文章提供了一个非常令人信服的证据，证明了喜爱给关系所带来的积极结果。该研究分析了 51 836 名领导者的特征，判断只有区区 27 名领导者的讨人喜爱的程度很低，但领导能力却很高。这意味着，领导者受到他人的极度厌恶，却依然能卓有成效的可能性大约为两千分之一。

既然你知道了喜爱的重要性和背后的原因，那么就该谈谈如何成为讨人喜爱的人了。任何肤浅、虚伪或者愚弄的手段都是应该避免的。这些把戏并没有什么用处，反而会损伤你的诚信度，让你留给别人骗子的印象。

快速提高讨人喜爱程度的一种直接而且经过科学验证的方法就是让买家感觉到你喜欢他们。正如我之前的那个例子所展示的那样，当发现某人喜欢你时，你就几乎不可能不对她另眼相看。无数的科学研究已经证实，当一个人发现另一个人喜欢他时，就会本能地开始对那个人更加青睐。

我常常在研讨会上分享的与此有关的一个例子是我的姑婆，我叫她安姑婆。我们家里的人几乎个个都讨厌她，而且这是有原因的。她是个爱争论的、顽固的又吝啬的人。安姑婆一直都没有孩子。实际上，除了我之外，她不喜欢和别的孩子相处。当我刚出生几天时，安姑婆抱过我，和我产生了联系。自那以后，她就一反常态地在每一个人面前表现出对我的喜爱。虽然这听起来似乎是件好事，但我并不是唯一的小孩。当我们一家子去拜访她时，她会毫不掩饰地表现出在所有的兄弟姐妹中对我最为钟爱。

安姑婆在我 12 岁的时候去世了。参加她葬礼的人寥寥无几，大多数人都并不关心。然而，有一个人确实很想念她，那就是我。当我回想自己如此喜欢姑婆的原因时，就不得不承认是因为她非常喜欢我。正如之前所说的那样，不去喜欢一个真的喜欢你的人几乎是不可能办到的事。

让买家知道你真心喜欢他们的一种直截了当的方法就是，说出他们身上让你真诚地欣赏的地方，比如他的着装、商业敏感、工作业绩、性格品质等。在确切找到你真正欣赏的东西时，就要集中在这一点上，传达给对方听。人们能分辨出你是否喜欢他们。当他们感受到你的喜爱时，就会本能地做出相同的回应。不仅如此，在以这种方式看待未来客户时，你就会自然而然地用更积极的行动去响应他们，这也就会进一步提高你讨人喜爱的程度。

◇ 4 号捷思：社会认同

假设你来到了一座新的城市，需要找个地方吃饭。你发现了两家相邻的餐厅。虽然对这两家都不熟，但你很快注意到了一个明显的差别。一家人满为患，而另一家门可罗雀。你会选择哪一家呢？

如果你和大多数回答这一问题的人一样，那么答案很快就会浮现出来。你的本能告诉你，比较繁忙的那家餐厅是更好的选择。可是，为什么在一家人满为患的饭店里吃饭要比在一家空荡荡的饭店里吃更好呢？

大脑之所以能迅速地评估这两家饭店，并做出底气十足的决定，就是因为被称为社会认同（social proof）的捷思。实际上，社会认同是最强大的捷思之一，因为它将一个想法或行为的说服力与其他人对其的反应联系在了一起。此外，当许多旁人热衷于某件事物时，就会引发大脑降低与该想法或活动相关的风险观念。这就是为什么我们都会被畅销书、热映电影、网红餐厅和拥有许多满意顾客的商家所吸引。

社会认同也会创造出强烈的社会规范，也就是期望的行为标准。大部分人都很难与这些行为期望背道而驰。在这方面，我最喜欢举的一个例子就是起立鼓掌。你在观众席上经历过多少次，当个别人站起来为表演者鼓掌时，马上就有更多的观众跟着一块起立鼓掌呢？要不了多久，你就会觉得好像周围的每一个人都站起来鼓掌了。尽管你并没有打算这么做，但还是会站起身来，加入其中。这是为什么呢？是什么力量导致你站了起来，为什么反抗这股冲动会显得这么奇怪呢？现在你已经知道，答案就是社会认同。

虽然关于社会认同的研究有很多，时间跨度也有百年以上，但是以社会认同为主题的最重要的研究之一来自20世纪50年代的著名行为科学家所罗门·阿希（Solomon Asch）。他的研究将参与者分为7到9人的小组，先向他们出示一条直线，然后出示另外三条长度各不相同的直线。参与者需要在众人面前分享自己认为在三条直线中，哪一条的长度与第一条直线最为接近（参考下面的例子）。几乎每一个参与者都表示，这一练习毫无难度，并且展现出了 99% 的准确率。

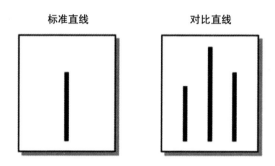

标准直线　　　　对比直线

　　然而，这项研究还有一个令人意想不到的转折。试验的目的并不是测试参与者目测直线长度的能力，而是考验他或她能否抵抗社会认同所产生的压力。

　　在持续几轮所有人都做出了相同的回答后，这些串通好的人就开始故意选择错误的答案。随着实验的进行，那些与研究人员一伙的人不停地选择错误的线条，而那些随机挑选的测试对象就开始表现出了极度苦恼的迹象。他们变得担忧、窘迫、尴尬，在选择错误的答案和违背小组的意愿选择正确的答案之间犹豫不决。

　　实验的结论是，大部分真正的参与者都没能禁得住社会认同的引力，竟然有高达 75% 的人事后承认，自己因为感受到服从集体的压力而故意选择了错误的答案。（这一实验重复了好几次，每次都得到了相似的结果。）

　　阿希的实验固然令人叫绝，但在此基础上衍生出来的研究带来了更多的发现。神经科学家格雷戈里·伯恩斯和同事们想要更深入地挖掘社会认同对人类大脑所产生的效应。为此，他们以阿希的研究为基准，同时利用功能性磁共振成像（fMRI）来测量参与者的大脑活动。功能性磁共振成像表明，当参与者在判断直线的长度时，大脑的后部，也就是专门用于感知的部分，亮了起来。

然而，当参与者意识到自己认为长度匹配的直线与小组中其他所有人所选的都不同时，杏仁核，即大脑负责激情的部分，被激活了。当杏仁核受到刺激时，伯恩斯和同事还注意到，参与者同时表现出了明显的情感上的焦虑。简而言之，违背他人的说法引起了大脑内部强烈的情感反应，并造成了这种不适感，从而在大部分情况下让参与者忽视明知正确的答案。

◇ **如何利用社会认同**

如果能成功地利用社会认同，那你就可以让潜在客户觉得，购买你的产品或服务是一个靠谱的选择。这种方法是销售成功的核心，因为就像阿希和伯恩斯的研究中的参与者一样，人们都是厌恶风险的。在买家的眼中，与购买产品或服务相关的风险越高，他们就越不可能做出有利的购买决策。

许多商家已经在利用社会认同来提高受众对他们的产品或服务的渴求程度了。例如，福特汽车公司（Ford Motor Company）赠送了一批福特福克斯（Ford Focus）给一些具有关键影响力的人，让大家看到他们驾驶这一车型。希伯来国民银行（Hebrew National）则雇用了"妈妈突击队"举办热狗聚会，邀请朋友们光临，希望能触发社会认同效应。就连推销红牛（Red Bull）的营销公司也尝试通过把大流量的人行道上的垃圾桶塞满空的红牛罐头，来推广这种功能饮料。社会认同对消费者行为的影响力非常强大，研究人员史蒂夫·马丁（Steve Martin）表示："各大组织都从这些方法中收获了很好的成果；实际上，有些已经开始实现数十亿美元，而不仅仅是数百万美元的额外收入和效率了。"社会认同并不只是大公司的专利，任何人都可以运用它来快速提升产品或服务的吸引力。一项研究发现，当销售人员将其产品形容为"最流行"或者"供不应求"时，潜在客户对产品的渴望和对其价值的评估就会迅速攀升。

社会认同的另一种应用方法就是告诉买家一些成功的故事。此类故事可以证明你的产品或服务的广泛接受度。（至于如何创造和分享迷人的故事，我们将会在第九章中说到。）

当许多人都热衷于某件事物时，你也会想要试一试，而当你真的试了之后，因为你带着正面的期望，所以也更容易喜欢上它。关于社会认同如何提高人们对事物的感知，有一个非常好的例子：大量研究发现，加入了罐头笑声的电视喜剧更能引起观众发笑，而且比起播出时没有加入笑声的剧集，它们的搞笑程度评价也更高。通过同样的方式，当你说起客户从你的产品或服务中得到的好处时，就会鼓励其他人购买并亲自体验这些好处。

在说起如何利用好社会认同的积极力量时，不要忘了相似性的作用。大量的研究已经表明，当同类群体中的人纷纷拥抱某个想法或行为时，社会认同的影响力会得到放大。所以，如果你告诉买家，与之相似的其他人都已经购买了你的产品或服务，并体验到了满意的结果，那么他们也跟着购买的可能性将大大提高。

要想激活社会认同的效应，你可以通过诸如"好多人都……""像你这种情况的大部分公司"，或者举出几个客户的名字或组织，将过去的客户作为参考。

◇ 外围途径的缺点

很显然，影响力的外围途径的捷思是人类行为的有效激励因素和购买过程中的重要部分。然而，这种影响方法却有着实实在在的硬伤。它的有效时间太短了。

在主要通过外围途径的方式来说服买家购买产品或服务时，他们对决策的信心会随着时间逐渐减退，尤其是当决策的结果不尽如人意时。这之所以会带来一些问题，是因为当买家成交时，决策并不是很确定的。决策不确定主要是因为做出这一决定并非由于销售人员传递的信息（中央途径），而是由于信息之外的因素（外围途径）。不仅如此，在如今这个极度复杂和竞争激烈的市场里，影响力的外围途径基本上都不足以引导潜在客户走完整个购买过程。其原因在于，大脑需要同时处理影响力的两种途径，才能产生强大的、有信心的购买决策。

不过，根据我的经验，大多数销售人员把注意力主要集中在通过外围途径进行销售上。（这背后的原因，你会在本章后续内容中看到）

举个例子，我在这些年来已经询问了无数的销售人员，问他们觉得自己的销售成功归功于什么品质。到目前为止，最常见的答案是，他们认为自己擅长建立密切的关系。这一方法的基本例子就是我们常说的"关系销售法"。当销售人员专注于以双方之间建立良好关系为缘由，劝说买家购买时，采取的就是这一方法。

我先前就在本章中提过，许多研究已经证明，喜爱会提高影响力和销售的可能性。但是，如果这是你在发挥影响力时所采用的主要方法，那么就要记住，它对买家所施加的影响力是强大而短暂的。一旦他们淡忘了与你之间的交流，那么他们对你、你的公司和产品或服务的认同也会淡去。因此，这些客户很有可能会被竞争对手抢走或者取消他们的订单。我们不能就此说他们不够忠诚，只不过他们在做出购买决策时的主要依据仅仅是影响力的外围途径而已。

只采用一种影响力途径就好比尝试让一架只有一边翅膀的飞机飞上天。你肯定不会愿意坐上这样的飞机，因为你知道它需要有两只翅膀才能成功地离开地面。类似地，你应该通过影响力的两条途径进行销售，因为大脑就是利用它们来构建正向的购买决策的。那么，接下来就让我们来了解一下影响力的第二种途径，即中央途径。

影响力的中央途径

通过数十次的实验，佩蒂和卡乔波找到了影响力发生的第二种方式，并称之为中央途径。这就是劝说者传达的信息。作为一名销售人员，影响力的中央途径对于每一次销售的成功而言都是关键性的任务，因为买家只有在思索并认同了销售人员的信息后，才能有信心地做出购买决策。实际上，传达中央途径的关键部分并得到认同的能力，将会是决定你的销售业绩有多么成功的头号因素。

每一次销售过程的目标都应该是引导买家认同销售人员的信息（中央途径），同时利用捷思（外围途径）来有效地传达这些信息。

我们先花点时间，确保对于中央途径和外围途径之间的差别有个明确的认识。这两种影响方法均得到明显展现的最佳例子就是政治辩论了。当政客们在辩论中你来我往时，观众就会通过影响力的两种途径而被说服。政客的信息，即他或她会如何处理各种各样的问题，是影响力的中央途径。这是产生强大忠诚度的来源。这也是为什么每逢选举季，总有许多人投票给特定的政党，而对候选人是谁毫不在意。因为，比起对候选人的关注，他们更加信任政党的主张，也就是它的信息。

然而，外围途径也在说服选民。许多人，尤其是那些悬而未决或者并不完全支持政治问题的某一阵营的人，会根据候选人在辩论中的表现来评判他们。这些外围的线索包括候选人的魅力、讨人喜爱的程度、穿着、遣词用句等。正如我们之前所说，这些外围信号尽管有着很强的说服力，但消失得很快。当政客表现出的行为风格为其带来反面印象时，那些并非忠于其信息（中央途径）的人就可能改旗易帜，或者感觉自己的好感有所消退，这就是为什么微小的政治失误往往会让政客的职业生涯翻车，甚至就此完结。

选民常常对政治信息产生强烈的忠实度。在通过中央途径说服买家后，他们就会深深地忠于自己的购买决策。当潜在客户思索并认同销售人员的信息（中央途径）时，他们所感受到的风险程度也会降低。同样，和外围途径不同的是，通过中央途径产生影响的效应持续更久。正如行为科学家罗伯特·加斯（Robert Gass）和约翰·赛特（John Seiter）解释的那样，"通过中央过程说服别人往往比通过外围过程说服别人更能抵抗反向的影响力。这也很合理：如果你已经思考过了自己的情况，那么就不太会'扯淡'了"。当你引导客户通过中央途径做出购买决策时，他们在竞争对手的恳求下发生动摇的机会就会大幅度地降低。因为这种影响方法会让他们清楚地认识自己购买的原因，所以对决策的认同感也就更强。另外，在产生这种确信感之后，买家就可以有理有据地解释为什么购买是一个正确的决定。事实证明，这可以提高客户的忠诚度，从而转变成让客户自发推荐。

◇ 销售人员的信息是什么？

在销售时，你的信息（中央途径）应该是什么？当销售人员、管理人员或者教练被问及这一轴心问题时，他们往往会不知道从何说起。他们通常最多只能提出和公司、产品或服务有关的东西。然而，销售人员通过中央途径销售的能力与成功的销售息息相关，如此重要的因素可不能仅凭猜测。此外，如果你不知道自己的信息里该包含些什么东西，那么就不可能知道应该在销售中采取什么样的活动和行为，因为你不知道自己想要完成的目标是什么。别担心，销售人员的信息应该包含什么样的信息，这个问题已经有了明确的答案。

◇ 利用中央途径：销售的方法要迎合大脑的购买决定

研究表明，销售人员的信息应该模仿买家大脑形成购买决策的方式。销售信息与大脑在产生购买决策的过程中所经历的心理步骤越是一致，其效果就越好。我在上一章中就提到过，销售策略越是专注于人们的购买方式，他们对交易双方带来的好处就越多。

直到最近为止，大脑达成购买决策的过程都不为人所知。尽管先前的科学发现已经揭示了影响购买决策的外围因素，但买家在决定是否购买产品或服务时实际会经历一段怎么样的心理过程，依然是一个谜。不过，今天的情况已经改变了！

　　根据现有的关于影响力的中央途径的知识，我领导了一项大型研究，专注于破解这种内部的决策制定过程。该研究取得了革命性的发现，说明了该如何在销售的环境中运用中央途径。同时，该研究对大部分人认为无法认知的事物做出了定义：大脑在构成购物决策时所经历的步骤。

　　这一革新是销售领域中的一项重大突破，了解这一点，你就可以引导买家达成正向的购买决策。从现在开始，你就可以知道它能否帮助你卖得更多（在真正动手之前），因为你可以将其与客观的、基于实证的标准做比较。

第三章
大脑的购买天性

是什么让一个销售人员比另一个卖得更好呢？为什么一种销售过程能产生更好的结果，而其他的不行呢？这些问题都有一个清晰且基于科学的答案。如今我们知道，高水准的销售业绩取决于销售行为与大脑产生购买决策的方式之间的配合程度。换句话说，你的销售方法越是与买家的决策制定过程保持一致，它的效力就越高。

你的销售方法与大脑形成购买决策的天然方法越是一致，你就会变得越成功。

然而，反过来也是一样的。如果你的销售方法与大脑的决策方法南辕北辙，那么你就会阻碍销售，得到买家认可的机会也会减少。

例如，在第一章的开头，我分享了发表在《哈佛商业评论》上的一项研究成果，有63%的销售人员的行为一直都在阻碍他们的业绩。这个数字高得吓人。那么，是什么让销售行为降低生产力了呢？那就是当它与大脑受到影响和构成购买决策的方法产生冲突的时候。

这里需要澄清一点，该研究中的销售人员并没有故意放弃销售。相反地，他们认为自己是在帮助未来的客户进行购买。那么，问题就来了：销售人员往往并不知道自己的销售方法是在妨碍客户决策制定的过程，他该如何进行判断呢？

假设你在逛附近的杂货店，推着购物车走在卖麦片的过道上。你的余光瞄到了一款新品麦片，并立刻想起来几天前在电视广告上看到过它。你拿起了这盒麦片，发现牌子是一家知名的麦片制造商。在详细检查了成分表后，你看了看价格，随后把这个盒子扔进了购物车，继续逛别的东西。你又推着购物车走过了几条过道，接着来到了收银台，付了钱，离开了这家店。

是什么最终引发了你做出购买麦片的决定呢？是那则电视广告吗？是麦片的制造商、成分或者价格吗？是因为你对过道上的其他麦片缺乏兴趣吗？还是说完全是因为某种其他因素？

我在销售培训研讨会上提出这个问题时，收到了一些常见的答案。有些人主张是广告引起了购买的决定，还有人断言麦片的成分是决定性的因素。有的人表示价格才是关键，而还有的人坚称品牌忠诚度才是分水岭。甚至还有一些人说，原因是以上所有因素的某种神秘的组合。最后，总会有一小部分人提出，这个问题是找不出确切答案的。

在我收到的反馈中，始终不曾改变的是，它们都是猜想。如果追问下去，让他们证明或者解释自己的答案，那么大部分研讨会的参与者都只能耸耸肩膀而已。实话实说，这个问题是挺有挑战的。如果说有谁能够回答，人们是如何选择购买某种产品或服务的话，那就应该是职业的销售人员了吧。这是为什么呢？因为引导人们完成决策制定过程正是销售人员存在的根本意义。

然而，当我请销售专业人士描述大脑做出购买决策的过程时，他们要么一脸茫然，要么提出的想法就是类似于下面这样一个模糊的过程：

1. 认识：买家必须首先意识到自己有需求。

2. 发现：买家发现可能的解决方案来满足自己的需求。

3. 评估：买家会评估每一种可能的解决方案。

4. 决定：买家决定哪一种方案是最好的。

5. 购买：买家用资金换取解决方案。

6. 评价：买家对所选的方案进行售后评价。

这种简化的范式并不能为决策制定的过程提供任何有意义的见解。令人警醒的是，这个例子和麦片例子都显著说明，大家对买家做出购买选择的方法存在严重的认识缺失。而且现实是无情的：如果你不了解正向的购买决策是如何发生的，那么又如何能引导潜在客户选择你所销售的产品或服务呢？

在本章中，我会带你从科学的角度揭示大脑形成购买决策的方式和如何引导买家完成这一过程并达成交易。

认识决策过程

当我意识到，将销售行为扎根于大脑形成购买决策的方法上，可以极大地提高销售成功时，我就决心要找到与这一过程相关的准确的、基于研究的信息。毫无疑问，只有达到了足够的认识，并分解成能够结合到销售方法之中的可管理的步骤时，销售才可能真正地关注于买家。

在决定该领域的研究基础时，我选择了影响力的科学（即前言中所探讨的内容），因为研究人员已经发现了塑造人类决策的各个因素。持续不断地将这门科学应用到购买过程中，也有助于我验证自己研究的每一个步骤，并避免受到偏见的误导。

　　有了这些知识后，我就开始研究各行各业销售环境中的销售行为。有些人通过电话销售，还有的依赖于面对面的交流。买家中既有普通消费者，也有小型和中型的公司，更有世界 500 强的企业。销售的规模同样各有千秋：有的是非常直接的短期销售周期，有的则是长期而复杂的。在检讨的过程中，我就开始分析在销售过程中的各种情况下，必然会发生的一些具体的事情。

　　除此之外，我对比了成功的销售对话和以失败告终的对话。在未能达成销售的电话里，我尤其关注买家最后给出的拒绝理由，心想，如果我能够理解这些拒绝背后的原因，或许就有助于找到决策过程中出现错误的地方。这一推论非常重要，因为我发现这些拒绝的理由可以被分成几个具体的类别。而在着手验证每一个类别时，我惊讶地发现，当你能抵消这几类拒绝理由时，几乎就总能成交了，但只要其中任何一种拒绝理由还存在，那么就无法实现销售。

　　这也让我注意到了一件意想不到的事情：有一些认同能够促进，甚至是产生正向的购买选择。这一发现让我对于购买决策的制定过程有了一些眉目。不过，在购买过程中的一个组成部分依然令我困惑不解：情感。虽然已经有科学上和从销售对话中得到的证据表明，买家的情感会影响销售的走向，但我花了好几年时间进行了额外的研究，才完全理解和定义了它们在购买行为中所扮演的角色。

　　在成功解释了情感的作用后（第四章中将会讲解），我就凑齐了购买行为的拼图。当我接着在实际的销售世界中验证这些发现时，结果就变得越来越前途无量。我已经越来越接近了。最后，这一天终于到来了。我找到了一直在寻找的东西——销售中缺失的那一环。我已经找到了人们做出购买决策的方法。

人们是如何做出购买决策的

一开始我努力想要了解我们是如何做出买或者不买的决定的，结果这样的初心演变成了一项为期6年的密集的研究项目。不过，我的努力终究得到了回报。到最后，我的研究表明，买家在做出购买决策之前会经历一些可重复的、可预测的心理步骤。这些步骤决定了他们是否会选择购买产品或服务。实际上，这种内部过程根深蒂固于人类购物的决策方式之中，以至于很少会有人能注意到它。

在进一步展开之前，我要简单地说两点。我的研究揭示出的一个重要思想是，大脑的决策制定过程面对不同的销售规模或复杂性，竟然不会发生什么变化。我本以为会找到证据证明，大脑产生决策的方式会根据销售规模是小是大、是复杂还是简单、是高风险还是低风险而发生各种变化。相反，研究发现，在较大的、复杂的销售中，虽然买家更有可能费尽心思地思索决策中的每一个组成部分，但购买的过程依然没有任何变化。

这是因为内部的决策制定过程完全是衍生自大脑做出购买选择的方式，而与销售的范围或复杂程度无关。

我的研究所揭示的另一个重要思想是，买家的购买决策并不是在销售人员传达完信息后做出反应的，而是在销售人员传达信息的过程中做出反应的。想象一下：在销售过程中，潜在客户会不断地认同或者反对你的想法、价值陈述和推荐。接着，在销售的最后，这一心理过程的结果就会随着他们是否决定购买而大白于天下。换句话说，尽管购买决策可能是在销售的结尾才展现出来的，但确实是在整个销售过程中培养起来的。

这就反驳了过去的一种销售模式：在销售的最后，也就是人们常说的成交阶段，销售人员才应该引导潜在客户做出购买的认可。与此相反地，这些证据有力地表明，正向的购买决策在确定之前是由一系列较小的认可组合而成的。我将这一系列较小的认可称之为 6 个为什么。这些战略认可将会引导买家完成自然的认可过程，达到最后的购买决定。它们之所以是组成整个购买过程的积木，是因为如果潜在的购买者无法做出每一个微小的认可，那么他们就不可能同意这场交易。这一过程如下图所示。

基于科学的销售方法论
（贯穿销售过程的战略认可）

但是在详细阐释 6 个为什么之前，我需要与你分享组成决策制定过程的其余部分。接着，我会一一解释 6 个为什么，并告诉你在销售中该如何回答它们。

销售公式

每一个买家在做出购买决策时都会经历什么样的心理过程呢？

为了准确且言简意赅地描述，我发明了一则销售公式。这一公式解析了大脑做出选择的过程，表现了大脑在做出正向购买决策时必须认同的信息。它也以量化的方式论证了应该以哪些核心元素来组成销售信息（影响力的中央途径）和情感在购买过程中的作用。

$$BD=f（SW, ES）$$

销售公式告诉我们，购买决策（BD）是关于 6 个为什么（SW）和买家的情感状态（ES）的函数。这意味着，在向一个具备足够的财力和权力来购买你的产品或服务的合格买家进行销售时，如果你能引导买家对 6 个为什么做出——认可，而且买家处于积极的情感状态（在特定时间内所感受到的情感的集合），那么你就一定能赢得这场交易。下面是这一公式的另一种形式。

6 个为什么的认可 + 积极的情感状态 = 正向的购买决策（或者销售）

如果销售人员能始终如一地执行销售公式中的每一个组成部分，那么就能取得极大的成功。如果无法满足这些条件，那他们就免不了陷入泥潭。

6 个为什么

6 个为什么是 6 个具体的问题，每一个都（自然而然地）以"为什么"三个字开头，代表了所有的潜在客户在做出购买选择时所经历的心理步骤。当销售人员在组织销售过程中设计好要如何——回答 6 个为什么并赢得对方的认可时，就是在引导潜在客户完成购买过程，并达成正向的决定。

我的研究证实，如果买家对 6 个为什么当中的一个或多个问题持反对意见，那么就会导致她的决策制定过程发生中断，继而阻挡销售的进展。我发现，此类中断的表现形式就是拒绝。也就是说，所有反对的根源都能在 6 个为什么当中找到。所以，你最后被拒绝的原因就在于 6 个为什么当中有一项或者多项遭到了买家的反对。

在销售培训研讨会上，我请来自不同行业的销售人员列出自己遇到过的常见的和不那么常见的拒绝理由。无论是什么样的情况，我都能证明拒绝的源头来自客户对 6 个为什么中的某一项缺乏认同。因此，如果你能先发制人地鼓动买家——认可 6 个为什么，那么就能消除所有可能的拒绝理由。

6 个为什么的重要性在于，他们能帮助你发现买家拒绝理由的来源。这就能让你准确地应对这些拒绝理由，同时提高攻克它们的可能性。（在第七章中我会详细解释，一旦买家说出了他们的拒绝理由，你应该按照什么样的流程来化解。）

6 个为什么也能让你得到持续改进的能力。现在，当你失去一次销售机会时，就可以精确定位买家反对的是哪一个为什么，然后致力于强化销售过程中的相关方面。

那么就让我们开始吧。第一步就是理解什么是 6 个为什么。尽管按照数字顺序来介绍，但在实际销售过程中，回答这些问题并赢得认可的时机可能各不相同，甚至有所重叠。我们首先会专注于——理解它们，而在之后的第八章中，你会学习具体该如何赢得客户对它们的认可。

◇ 1 号为什么：为什么要改变？

你是否会定期参加会议？这可以是教堂集会、社交俱乐部或者每周的销售例会。在参加这类集会时，你会坐在什么位置呢？你会坐在固定的位置上吗？大多数人都承认，第一次参加会议时坐在哪里，以后就会一直坐在那儿了。不仅如此，如果其他人把位子占了，以至于他们不得不坐在别的地方，他们就会觉得不舒服。这是为什么呢？

有一种强大的捷思（即心理捷径）可以解释这种行为：现状偏好，也就是保持当前状态的强烈倾向性。这可不是什么普通的捷思，而是人类行为的一股控制力。在著作《"错误"的行为：行为经济学关于世界的思考，从个人到商业和社会》（*Misbehaving: The Making of Behavioral Economics*）中，理查德·泰勒是这样描述的："在物理学中，只要不发生任何事情，处于静止状态的物体都将保持静止。人也是一样的：除非有足够的理由，否则人们就会保持原状，不做出任何改变。"

这就是现状偏好如此吸引人的原因：人们天生就厌恶变化。大脑会自然而然地将较高的风险与接受新的想法或购买新的产品或服务联系在一起。除此之外，发表在《科学美国人》（*Scientific America*）上的研究证明，对于相同的负面结果，如果是来自自己的决定，而不是来自犹豫不决，那么人们的后悔之情会更加强烈。

这时，1号为什么（为什么要改变？）就该出场了。回答这一问题将会为整个销售过程定下基调，因为它会让你有能力排除买家想要保持现状的可能的想法。如果你到最后都不能给潜在客户一个有吸引力的理由做出改变，那么他们就会拒绝。这就是为什么现状偏好是你最可怕的竞争对手。回想一下过去失败的销售经历吧。事实情况是，潜在客户选择不买的情况要多于选择购买竞争对手的情况。因此，我们应该在销售过程中尽早处理好这个为什么。

回答"为什么要改变？"并赢得认同的最佳方法就是帮助买家充分理解是什么问题让其必须改变。买家面对的问题是销售的核心，也是他们的"基本购买激励因素"，我创造了这一术语来定义导致他们需要你的产品或服务，且对于成交而言必须满足的条件。（基本购买激励因素会在第六章中详细探讨。）

让潜在客户知道自己面临着必须解决的问题并不总是一件简单的事情。他们之所以常常无法意识到自己的问题，常常看不到任何需要做出改变的理由，是因为他们就是导致或者至少是让这问题持续存在的系统或者过程中的一部分。

然而，在他们还没能意识到自己面临着需要调整或者修改某项商业因素的问题之前，他们就会觉得你和你的产品或服务是无用的，甚至于是无关的。不过，一旦他们意识到了问题，并想要解决它时，就会觉得改变是势在必行的了。

下面这些简单直接、按部就班的策略会帮助你引导买家对他们的问题形成准确的认识，并使买家认可做出改变就可以解决问题。

1. 寻找问题

在过去，人们都觉得销售人员应该是解决问题的人。而在现代的商业气候下，如果你只是解决别人关心的事情，那么你的销售之路就会走得很艰难。为了从竞争当中脱颖而出，现在的你就必须具备寻找问题和解决问题的技能。

寻找问题是任何行业中成功人士的特点，尤其是销售。行为科学家雅各布·盖特泽尔斯（Jacob Getzels）主张，促使人们得到更高成就的因素，更多的是发现问题，而不是任何其他的特殊技能。

当你揭露问题所在，并引起潜在客户的注意时，这就会令你走在竞争对手的前面，并有机会针对所发现的问题展示自己能够提供的解决方案。在当今的市场中，一般的销售人员通常在潜在客户已经准确发现了自身的问题和多个潜在的解决方案之前都无法进入购买过程，因此这可以创造非常明显的优势。

发现问题的方法之一就是迫使买家思考该如何改进自身或者他们的业务，用新的想法对现状发起挑战。这可以很简单，比如思考一下，"许多客户一开始选择我们，都是因为他们想要解决两个具体的问题……"接着，你可以透露这些问题的内容，并问问潜在的买家，一起看看他们是否也在为相同的问题而烦恼。

要想找到买家的问题，你就应该迫使他们思考该如何改进自身或者他们的业务，用新的想法对现状发起挑战。

可以想象，一旦你为某个重大问题带来了一线曙光，买家就会以更高程度的信任和忠诚来回报你。你也赢得了解决问题的权利，因为发现问题的那个人就是你。

即使你的未来客户早就知道他们需要在别人的帮助下解决某个问题，但他们的理解是否正确呢？潜在客户觉得自己面临的问题往往只是一个更庞大问题的一部分。你会对他们对自身问题的看法全盘接受，还是提出诊断性的问题，寻找真正发生了什么情况，从而提供更高的价值呢？

多年来，我发现销售人员无法发现更多问题的基本原因在于，他们根本就没有想要去寻找。在后续的章节中，你会学到相关的方法。不过我们不妨暂且仔细研读下一章，看看该如何更好地回答"为什么要改变？"并赢得认同。

2. 理解问题

在发现问题之后，你就必须协助买家准确地认识它的起因（为什么会发生这样的问题）和范围（哪些方面会遭受影响）。站在潜在客户的观点来看，只有当他们能充分理解这个问题时，才能知道该有个什么样的解决方案。

你还需要理解这些问题为什么发生，以及对买家及其业务产生的影响如何。最常见的情况是，你一开始发现的问题还只是症状，而非病因。你需要找到造成问题的原因，接着在原因和解决方案这两点之间找到联系。这样一来，你就能鼓励买家相信你能够解决他们的难处。

问题的范围是你需要意识到的第二个方面。这个问题会影响到哪些方面？这是个小问题，还是说如果一直不正视这个问题的话，就会带来高昂的代价？提出试探性的问题来确认范围可以帮助你的买家更加全面地理解它，从而产生紧迫感。

然而，不幸的是，销售人员并不擅长这一领域。福雷斯特研究公司最近的一项研究发现，在接受调查的买家中，竟然有高达 88% 的人都认为销售人员对他们的问题了解得并不充分，无法提供解决方案。如果潜在客户不相信你能帮助他们解决重要的问题，那么又怎么会接受你的提议呢？这就是销售人员难以找到与潜在客户见面商谈机会的原因之一。不仅如此，缺乏理解也会在你向买家证明自己的产品或服务所能提供的帮助时带来不利的影响。下面就让我来解释一下。

有一种销售方法叫"功能倾销"。虽然我和买家都不喜欢这种做法，但是如果不能充分掌握买家所面临的问题，那么你就会落入这种笨拙的销售手段中。功能倾销是指销售人员盲目地罗列产品或服务的各种功能和好处，希望其中之一能击中潜在客户的兴趣点。这么做之所以弊大于利，是因为即使其中一项功能或好处确实引起了买家的兴趣，但销售人员也给了他们许多其他的理由，让他们认为这一产品或服务并不适合他们。

更大的问题在于，由于功能倾销并非专注于潜在客户的关注点，所以会给人厌烦的感觉。这对于销售而言是有害的，因为神经科学家约翰·麦地那（John Medina）已经证明，当大脑认为某件事物没什么意思时，就会失去对它的关注。简而言之，感到厌烦的人是不会购买的。

3. 让问题产生伤害

现实情况是这样的。你的买家是有问题。那又怎么样呢。每个人都有一大堆的问题。我有问题，你也有问题。我们往往已经勉强应付了好几年了。那么我们该如何打破这种惯性，激起改变的欲望呢？答案就是痛苦。只有当问题开始产生伤害——真正让我们感到痛苦的伤害时，我们才会采取行动解决它们。

你的潜在客户也是这么想的。这就是为什么让他们的问题产生伤害对于他们和销售的成功而言都是最好的选择。但我并不是说要真的产生伤害。关键是要让买家感受到问题所造成的负面影响。潜在客户在问题上看到的痛苦越多，解决它们的紧迫感就越强，而这就是你要促成之事。向买家提出一些问题，引导他们发现问题所产生的不利后果。（在第五章中，我会介绍一种以科学为基础的提问方法，教你该怎么做。）因为，在感受到痛苦之前，他们都会一再地拖延，导致销售止步不前，最终无疾而终。

在你的一生中一定有一些永远不会忘记的时刻。对我来说，给我留下深刻印象的就是我的儿子和女儿出生的时候。妻子在怀着我们的女儿时，突然感到一阵强烈的疼痛，应该是快生了。我们马上就开车赶往医院。因为她非常难受，所以我根本顾不上什么限速和红灯。在抵达医院后才过了20分钟，我就成了一位父亲。

当我的儿子即将诞生的时候，我们是在分娩阵痛来临之前就预先去了医院。这一次，我遵守了限速规定，也乖乖地在红灯前面停下了车。

这两次去医院的行程之间主要的区别就在于我们所感觉到的紧迫感不同。在生女儿的时候，我们感觉到一股强烈的前往医院的紧迫感。而在生儿子的时候，她并没有感到不适，所以我们就不会感受到只有痛苦才能带来的紧迫感。

通常而言，你感受到的痛苦有多强烈，将决定你开车去医院的速度有多快。类似地，买家的问题带来的伤害有多严重，将决定他想要解决问题的欲望有多紧迫。

培养买家对问题的原因和范围的认识将会引导他们认同做出改变的必要性，并进一步推进销售的过程。"为什么要改变？"是6个为什么中的第一个，也是整个销售过程的基础。因此，回答"为什么要改变？"并赢得认同的能力将会决定你职业成功的水平，并影响你的生活品质。

回答"为什么要改变？"的三个步骤

第一步：通过传达挑战性的观点和提出启发式的疑问来找到问题。

第二步：确定问题的原因和范围。

第三步：提出更深层次的疑问，帮助买家感受到任由这些问题继续下去所带来的痛苦后果。

如何将现状偏见收为己用

尽管现状偏见对于影响力而言是有害的，但通过一种久经考验的方法（改变默认选项）你就可以将其化为己用。大多数情况下，买家面临的是"是否接受"的选择，如果将这个决定改成"是否拒绝"呢？越来越多的研究表明，如果默认选项是接受，而让他们选择是否拒绝时，人们选择接受这一想法或行为的机会就会大幅提高。

在一项研究中，研究人员布丽奇特·马德里安（Brigitte Madrian）和丹尼斯·谢伊（Dennis Shea）发现，在采取自动加入的政策时，参与退休金计划的人数要多得多。类似地，由行为科学家埃里克·约翰逊（Eric Johnson）和丹尼尔·戈德斯坦（Daniel Goldstein）领导的一项突破性的研究详细分析了"在某些国家，几乎每一个公民都是器官捐献者，而在它们的邻国，只有很小一部分人口愿意捐献器官"的原因。研究发现捐献器官的原因并不是宗教、文化、财富或者关于器官捐献的观念，而是通过什么方式请求人们去做器官捐献者。那些器官捐献者占比较低的国家要求公民选择是否想要成为一名器官捐献者。与此相反，那些器官捐献率极高的国家则要求公民选择是否不想要成为一名器官捐献者。

我的一位客户就利用这一概念提高了平均销量。他是这样做的。与其让买家选择想要什么产品，还不如推出一些标准的产品套餐，然后允许买家删除他们不想要的选项。如此简单的改变就提高了收益，并帮助该公司为客户提供更能满足需求的解决方案。

◇ 2号为什么：为什么要现在？

一旦买家认同了变化，你就需要引导他们认同为什么必须现在做出改变。无论是什么类型的销售，做出购买决策所耗费的时间越长，得到结果的可能性就越低。因为，时间一长，情况会随时发生变化，新的优先事项会出现，资金会波动，另外还有一系列其他无法预料的事情可能会给销售带来负面影响。

那么，你该如何抓住时间上的优势呢？你要帮助潜在客户意识到，现在就接受改变，而不是等到以后，对他们来说才是最有利的。因为买家只是将缺乏足够的信心拍板的决定暂且搁置，所以你要帮助他们确信有必要在此时此地认同并做出改变。

我并不是说你应该咄咄逼人地催促。没有人喜欢这种人，而且这种方法往往会产生相反的效果。此外，有许多经过科学验证的方法可以在销售过程中合情合理地产生紧迫感，在本书当中我就会教给你不少。不过，首先你必须对形成紧迫感的主要心理障碍有所认识。这个心理障碍是抗拒（reactance）。

抗拒就是当我们感觉自己自由选择的能力受到了另一个人的限制时，想要反抗或抵抗的本能欲望。有大量的科学证据证明，当人们觉得自己被迫采取某些行为或想法时，就会有所反抗，即使被强加于他们身上的事物对他们而言是最有利的也不例外。

例如，当你路过一处写着"禁止触摸，油漆未干"的警告时，你会想要做什么呢？你当然会想要去触摸这些未干的油漆。这是为什么呢？为什么告诉你不要做某件事情的警告却导致你想要去做呢？答案就是抗拒。这也是为什么相比"请投入此处"这样开放式、邀请式的指示牌而言，"禁止乱扔垃圾"或者"请勿乱扔垃圾"的指示牌反而会增加乱扔垃圾的情况。

要想销售成功，你就必须有能力建立紧迫感。在建立紧迫感时，你又不能让买家觉得是你在迫使他们购买。实际上，由于销售人员尝试令买家产生紧迫感，而引起了对方的抗拒，进而导致销售失败的例子数不胜数。在销售环境中，抗拒之所以如此致命，是因为它所产生的强烈厌恶感会让买家蒙蔽双眼，而为了缓解这种感觉，他们就会排斥你和你的信息。

此外，也有一些研究专注于如何减轻抗拒。行为科学家尼古拉斯·盖冈（Nicolas Guéguen）和亚历山大·帕斯夸尔（Alexandre Pascual）研究了如何让买家在劝诱过程中抵消抗拒。他们找了一些合作者乔装打扮成乞丐，并让合作者在繁忙的商场里向购物者伸手要钱。接着，他们计算了正向反应在请求总次数之中的比例。当这些科学家让这些假乞丐在乞求的最后告诉过路人，他们可以"自由选择接受或拒绝"时，抗拒感就会减弱，施舍的数量由此提高了近400%！

正如乞丐场景所表现的那样，在做出经济决策时，人们想要感觉自己是掌控全局的人。他们不想被迫选择一条路，而放弃另一条路。然而，他们常常需要有人帮他们朝正确的方向上推一把。那么，你该怎么做呢？在请求的最后，你可以用尽可能降低抗拒反应的话语来形成这股推力，例如"当然了，这都得听你的"或者"你愿意的话可以参加，这是一个极好的机会"。这可以降低抗拒反应，让他们觉得自己依然掌控着自己的选择。

我的一位客户就采用这一策略让销售周期加速并提高了成交率。当我一开始与他们合作时，他们一直以来用于产生紧迫感的销售方法显然正在妨碍销售进程，因为这些方法引起了买家很强烈的抗拒。我采取了一些策略来提高紧迫感，并同时降低抗拒反应。例如，在销售的最后，他们会利用奖励来迫使潜在客户立刻行动起来，而不是继续拖延下去。不过，在为买家介绍了奖励方案，并解释了有什么好处以后，他们会说："如果你想试试看的话，告诉我就可以了。"这个时候，可别误以为这会把买家白白放走。因为到了这个时候，潜在客户已经认同了剩下的6个为什么，并做好了购买的准备。

最后的这一激励之所以能够生效，是因为它为买家提供了一个有效的理由完成这笔买卖，而且又不会觉得是销售人员在逼迫他们这么做。

为了让大脑做出正向的购买决策，我们必须认同并立刻采取行动。如果不能认同，那我们的大脑就会自然而然地举棋不定。

如果你能熟练地回答"为什么要现在？"的问题，让买家明白为什么必须不再迟疑地采取行动，同时降低抗拒反应，让买家感觉是自己做出的行动决定，那么你的销售业绩必将一飞冲天。

◇ 3 号为什么：为什么选择你的行业解决方案？

假设你是个推销计算机软件培训班的销售人员。你已经赢得了买家的认同，相信她的组织需要得到这款软件的培训。此时，你必须让潜在客户知道，为什么你的行业解决方案能最好地满足她的需求。比如，你的买家为什么不能直接买一本书，然后教她的员工怎么使用这款软件，而非得采用你的行业解决方案，开展正式的课堂培训呢？或者她为什么不能简单地指派一名员工学习这款软件，然后再给公司里的其余员工进行内部培训呢？为什么买家应该使用你的行业方案，而不是其他可能的选择呢？

我在研究中逐渐意识到，3 号为什么是个沉默的"销售杀手"。许多销售人员根本没有意识到它的存在。然而，如果潜在客户有可能推翻你的方案，自己研究出一套办法，那么你就必须能回答这个为什么，赢得客户认同。

要想真正成功地回答这个为什么，你可能需要重新思考关于竞争对手的定义。许多销售人员认为竞争对手就是提供类似产品或服务的组织。然而，这种鼠目寸光的观点只会让这些销售人员在面对行业之外的竞争对手时束手无策，因为你对他们一无所知。

让我来解释一下：我曾经为一家大型公司提供培训和咨询服务，该公司是业内占主导地位的供应商。这家公司输给某一个竞争对手的业务要比输给其余所有竞争对手的总和都多。这个竞争对手并不是另一家供应商，而是直接绕过这家公司的整套行业解决方案，自己设计方法的买家。为了应对这种情况，我在该公司的销售构成中插入了一些经过科学验证的策略，雄辩地解答了为什么他们的行业解决方案要比买家自创方法更好，并且赢得买家的认同。在采纳了我的建议之后，该公司的销量在一年内提高了超过30%。

那么你呢？你该如何令人信服地回答这个为什么呢？有两种策略可以帮到你：

1. 证明你会如何提供比外行人士更好的结果：你拥有什么样的特殊知识和技能，可以明显地说明你提供的解决方案要比来自外行人士的更好呢？购买了你的产品或服务的人得到了什么样的结果，而那些外行人士又为何做不到呢？在介绍你的公司、产品或服务时明确地回答这些问题将会让买家获得必要的知识，认清你的行业解决方案的价值。

2. 说明当买家选择外行人士的解决方案时，可能会发生什么样的问题：在软件培训的例子中，销售人员可以分享与买家类似的其他人在没有得到专业发展公司所提供的培训时，通常会遇到的问题。接着，她可以询问买家这些潜在问题会给他们的公司带来什么样的负面影响。最后，销售人员应该说明，为什么当潜在客户选择了专业供应商时，这些问题就不会发生了。

如何回答"为什么选择你的行业解决方案？"

让我们稍事休息，将刚才学到的东西用于实践，确保你能将来自行业外部的竞争对手彻底击败。你的公司、产品或者服务能带来什么让外行人士无法企及的积极结果呢？当潜在客户选择了外行人士的解决方案时，曾经遇到过什么问题呢？一旦你手上有了一些证据确凿的答案来回答上述问题，就该仔细思考将这些说辞结合在销售过程中的哪个阶段了。

结论：争夺买家交易的任何事物或者任何人都是你的竞争对手。潜在客户一直在所有的选项之间思索，他们一旦认同了改变，那么就一定得权衡所有潜在解决方案的优点和缺点。如果你能给出理由让买家选择你的行业解决方案，而不是其他人的，那么你就能帮助他们朝着购买你的产品或服务迈出更近的一步。

◇ 4 号为什么：为什么选择你和你的公司？

2001 年，诺贝尔经济学奖被授予了乔治·阿克洛夫（George Akerlof）和他在《经济学季刊》（*Quarterly Journal of Economics*）上的论文。阿克洛夫著名的主张是，在买卖双方之间存在"可用信息的不对称"。他的思想的核心在于，虽然卖家了解自家产品或者服务的真正性质，但潜在客户只有在购买之后才能知晓，而这就提高了与购买行为相关的风险。

他的研究也表明，降低买家对风险的感受程度的最佳方法就是借助于信任。买家越信任你和你所代表的公司，他们的接受程度就越高，觉得购买你的产品或服务所带来的风险就越小。这就是信任的力量：它会让决策看起来更安全。反过来也是一样。如果没有信任，那么购买决策看起来就非常危险。

将信任和风险视为跷跷板的两头会更容易理解。当信任升高时，买家对风险的感受度就会降低。而当买家预期风险较高时，其信任度也肯定比较低。

信任也会促进开放而诚恳的交流。行为科学家李·罗丝（Lee Ross）和安德鲁·沃德（Andrew Ward）发现，当人们信任某人时，他们就更容易交流自己的顾虑和需求。而且，信任并不只是鼓励买家透露信息而已，而且还能驱使他们听从你的想法。

我的研究表明，大脑会自动地将对销售人员的看法与对公司的看法联系在一起。所以，如果买家信任销售人员，那么这份信任就会被转移到其公司上。但是，如果销售人员无法激起买家的信任，那么买家对公司的信任也会降低。

回忆一下最近那个令你感到失望的销售人员或者客户服务代表。你责怪的不只是他，还有他的公司。实际上，几乎每一个消费者都曾因为作为代表的某个公司的员工而拒绝过与某个公司的交易。

这个"为什么"非常重要，必须在销售中多加注意。如果潜在客户对你和你的公司不认同，那他就不会从你这里买东西。我要在这里介绍两种基于科学的策略：

1. 证明专业能力

有一场结合了50年来的研究成果的元分析发现，专业能力是信任的一个基本组成部分。认知心理学家R.格伦·哈斯（R. Glen Hass）主张，当一个人的大脑将某人视作专家时，听从此人建议的可能性就会大幅提高。

如果你和大多数销售人员一样，经过努力，在自己的产品或服务上成为专家，就有能力真正地帮助客户改进生活和业务。问题是：你该如何最有效地表现这种专业能力呢？

为了给人留下专家的印象，你可以采用的一种策略就是分享有意义的见解。在形式上，你可以为买家提供有价值的新想法、策略或者研究报告。当你将这些重要的想法告知潜在客户时，你就不只是一个销售人员了。现在，你成了一种有价值的资源。这将证明你的专业能力，从而加深与买家之间的关系，并且促进信任。

另一种表现专业能力的办法就是简要地展示你的经验。人们自然而然地会将经验与专业能力联系在一起。所以，如果你或你的公司拥有有据可查的成功历史，那么就可以透露一些成功的故事或者能够展现你的经验的可信度陈述。因为第九章会详细探讨讲故事的方法，所以我在这里要分享一些可信度陈述的例子。这些话都很容易组织，可以是类似这样的："我们的公司已经花了 40 多年的时间不断验证诸如此类的解决方案"，或者"我在这个行业已经做了 12 年，你刚才谈到的情况并不少见。实际上……"尽管这些简单的陈述或许听起来不足为道，但却可能对买家如何看待你和你所代表的组织有着很大的影响力。

可信度陈述的练习

花点时间想出一句可以结合在你的销售方法中的可信度陈述。它一定要明确无误且令人信服地说明，你或者你的公司为什么是这个领域的专家，并且能够为潜在客户提供有意义的价值。一旦你设计好了一段话，就可以在销售中利用它，到时候你就会发现，这句话能够多么有效地提高买家的接受程度。

2. 表现信心

由卡内基梅隆大学进行的一场研究发现，表现出信心在建立信任的过程中起到了至关重要的作用。光是相信你自己、你的产品或服务，或者你的公司还不够，你还必须表现出这种信心。大脑很难把信心两字与一个并无相关表现的人联系起来。

不仅如此，表现出信心甚至会对你的能力产生积极的影响。研究认为，信心会对大脑产生一种镇静作用，并因此提高你独立思考的能力。当你过度焦虑和紧张的时候，大脑是很难以最佳状态运转的。

你可能暗自心想，表现出信心可没说起来这么简单。信心并不是你能控制的东西——真的吗？从关于信心的科学中，我们学到的一个有趣的事实是，即使你自己觉得没信心，但光是表现出有信心的样子就可以对你的行为产生积极的影响。除此之外，该研究还告诉了我们具体该怎么做。

越来越多的科学研究已经证明，自我肯定能够增进信心。先别急着对自我肯定的做法表示不屑，让我们先弄明白这项研究所谓的自我肯定是什么意思。自我肯定并不是指忽略客观事实的盲目自信，而是关于自身能力的提醒，即提醒你本来就相信的事情。

下面就来教你如何创造这种自我肯定。首先，将注意力集中在过去的成功事迹上。接着，张开嘴宣布，过去的成功可以佐证，你即将采用类似的努力来取得优秀的成绩。这可以让你的头脑做好准备，在行动上与自我的肯定保持一致。

你或许已经做过异曲同工的事情了。我还记得，在一场研讨会结束后，一位与会的公司老板告诉我说，他当初在某个本地的早间电视节目上推广自己的公司时因为感到很紧张，就采用了自我肯定的方法。后来，他在回忆上一次节目时，总能想起那次精彩表现，而这就是他能再创佳绩的证明。这种自我肯定舒缓了他的神经，帮助他建立了信心。

让你信心十足地与人交流的第二种经科学验证的策略就是有力的动作。科学证实，这些肢体运动或者姿势可以改变感官吸引力，甚至大幅提高你的表现。

例如，行为科学家德纳·卡尼（Dana Carney）、艾米·库迪和安迪·雅浦（Andy Yap）的研究证明，摆出"强有力"的姿势，例如把手放在屁股上，会引起睾酮的增加。这会自然而然地提高自信感。

摆出有力的动作非常简单。有些动作（如把手放在屁股上）已经得到了科学调查的确认。还有的可以被称为表示权力的非语言行为。当高管将一只手臂搭在旁边的椅背上时，这就是一种对空间占有的表现，这不仅透露出权力，也能让他自己感到更有信心。

另一种形成有力动作的方法就是观察你在感到极其自信时自然而然的行为。你会发现，其中有一些与生俱来的手势或姿势。有力的动作其实无非就是有意识地使用这些动作和姿势罢了。它们在每个人的身上都各不相同。我平常喜欢做的两个动作就是脚后跟不着地和用左手手掌拍右手手背。这些简单的动作能提高我的精力、专注力和信心。这些都是我的动作，你的动作可能与之相似，也可能截然不同。我建议你看看自己在感觉胸有成竹时会有什么样的行为，然后在需要表现出高兴的时候强迫自己做出相同的动作。你会很快发现，自己看起来信心十足，并且开始感受到从肢体上表达出来的信心。

◇ 5 号为什么：为什么选择你的产品或服务？

你该如何呈现产品或服务，才能让它们被潜在客户相中呢？这个问题之所以至关重要，是因为几乎在每一个行业里，卖家的数量都没有像现在这么多过。不仅如此，我们之前就看到了，买家已经习惯了在决定从哪一家购买之前评估好多种潜在的产品或服务。要想拿下买家的这单生意，你就必须准备好明确、充分的理由来解释为什么他们应该选择你的产品或服务，而不是竞争对手所提供的那些。

要想找到"为什么选择你的产品或服务？"的答案，你就得知道自己的产品或服务所提供的竞争优势。靠着这一点，你就能向潜在客户证明，你的产品或服务是最好的，并且赢得他们的认同。

哈佛商学院的教授迈克尔·波特（Michael Porter）是竞争优势领域的研究先锋。波特关于公司的竞争方式的研究让他得出结论，竞争优势有两种基本类型：

1. 成本领先

成本领先指的是，一个组织提供的产品或服务虽然与竞争对手的类似，但是能让买家付出的成本降低的情况。沃尔玛（Walmart）就是一个很好的例子。沃尔玛所销售的绝大部分商品都能在其他商店里找到。然而，有这么多人选择来这里购物的原因是他们相信这里的价钱是最低的。沃尔玛甚至还用"省钱省心好生活"的口号来吹捧自己的竞争优势。

沃尔玛对成本领先的利用大获成功。不过，这其实是个个例。绝大多数低成本供应商的组织都会发现这种优势是很难长时间持续下去的。在一个市场里，只可能有一个低成本的领先者。将此作为竞争优势大肆吹嘘的销售人员很快就会发现，随着竞争对手的价格逼近或者比他们的价格还低时，他们的市场地位就会发生恶化。因此，这种竞争优势通常都是竞争对手拿来对付你的。别担心，因为我们还有另一种比成本更具影响力的竞争优势。

2. 差异化

大部分销售人员都必须运用差异化的竞争优势。也就是说，他们的产品、服务或者公司在哪些方面比竞争对手更好呢？

许多销售人员在尝试告诉买家自己的与众不同之处时会面临的挑战在于，这些话在潜在客户听来与竞争对手的没什么两样。销售人员常常会惊讶地发现，他们的竞争对手所摆出的价值主张和他们的是一样的。例如，当我最近给自己的公司采购一笔大订单时，对话过的所有供应商都拿出了完全相同的理由来证明，选择他们要比选择其他竞争对手更好。虽然这听起来可能有些搞笑，但对于买家而言，这会让他们陷入困惑，而对于交易而言，这也是非常危险的。当潜在客户在评估诸多产品或服务选项，而它们的供应商看起来都差不多时，这些买家该如何做出决定呢？在这种情况下，价格就是唯一一个值得考虑的竞争优势了。

那么，你要如何利用差异化的方法来帮助潜在客户认识到，你的产品或服务才是适合他们的呢？我的研究指出，传达差异性的最有效的方法就是我所谓的独特价值（distinct value）。

什么是独特价值呢？这是买家渴望，并且能从你的公司、产品或服务中获取的独一无二的价值。这将决定在他们的眼中，你的竞争优势是乏善可陈，还是可圈可点。

决定独特价值的条件是下面两条规则：

1号规则：独特价值必须与买家有关

要想让竞争策略卓有成效，你就必须将公司、产品或服务所提供的价值与买家关注的东西联系起来。在组织竞争策略时，销售人员常犯的一个共性错误就是把它建立在他们认为对于公司、产品或服务而言重要的事情上。然而，你觉得潜在客户应该关心的东西常常会让他们不屑一顾。独特价值只有在以买家的关注点为核心的情况下才有说服力。对于一位潜在客户而言，重要的东西也许并不适用于另一位客户。因为每个买家都是不同的，所以独特价值也具有可塑性，应该根据买家的需求和渴望进行改变。

2号规则：独特价值必须是独一无二的

独特价值是竞争对手无法复制的东西。之所以必须如此，是因为它的基础在于稀缺的捷思（心理捷径）。有大量的研究证实，当一件事物不容易获取时，大脑就会赋予它更高的价值。

由行为科学家迈克尔·林恩（Michael Lynn）所做的一系列研究发现，通常而言，一件事物越是难以获得，人们就会觉得它的价值越高，从而也会有越多的人愿意购买它。由社会心理学家斯蒂芬·沃切尔（Stephen Worchel）、杰瑞·李（Jerry Lee）和阿肯比·阿德沃（Akanbi Adewole）证明，当某物的供应稀缺时，它的需求就会大幅提高。无论是绘画、古董、限时折扣，甚至于玩具，只要某物有价值，而且数量稀少，其需求就总会飙升。因此，稀缺是经济决策的一股驱动力。

类似地，当你告诉买家你的产品、服务或者公司能提供竞争对手无法提供的东西时，就可以增进需求，并迅速提高在别人眼中的价值。

运用独特价值

这两条规则会指导你针对每一个潜在客户，应该表现出什么样的独特价值，并将你的竞争优势从不足为信的陈词滥调，转变成有意义的、以买家为中心的理由，让他们相信你的产品或服务要优于竞争对手。你能发现并传达的独特价值越多，你的竞争优势就越强，买家也会更加相信你的产品或服务是合适的选择。

要在呈现产品或服务时利用独特价值，你就必须首先对潜在客户和他们的处境有一个详细的了解。（我会在第六章中分享具体的做法。）接着，当你在产品或服务中找到了对买家而言有意义，而竞争对手无法企及的东西时，就要将它展现出来。

在说明所售之物的独特价值时，你应当帮助潜在客户仔细思考，他们能从中得到什么好处。那么，这在真实的销售对话中会是什么样子的呢？下面就是一个应该如何传达独特价值的例子："我们的机器独一无二的地方就是耐用。因为我们使用的零件都是最高品质的，所以每台机器都只需要每年预防性地保养一次，而不是行业标准的每 6 个月一次。将保养的需求降低50% 会给你的生产效率带来多大的提升呢？"（注意，在展现独特价值之后，要提出一个问题，引导买家用心消化你所宣称的价值。）

一旦对买家有了准确而深刻的了解，寻找独特价值的道路就会变得一清二楚。但是，为了确保万无一失，你应该了解运用独特价值的步骤。

运用独特价值的三个步骤

第一步：了解买家关注的是什么。

第二步：在你的公司、产品或服务中找到竞争对手无法匹敌的某个地方。

第三步：将第一步和第二步传达给买家，并通过提问让他们相信你所呈现的价值。

◇ 6 号为什么：为什么要花钱？

想象一下，你是一家销售客户关系管理（CRM）软件公司的销售人员。你正在与一支高管团队开销售对话会议，带领他们了解客户关系管理平台的整个业务流程。在销售过程中，你已经引导他们认可了之前提到过的每一个"为什么"。接下来，你将引导他们认可第六个也是最后一个为什么：为什么要在你的产品或服务上花钱？

在讨论部署软件的价格时，他们告诉你，他们还不能确定会投资你的平台，还是投资一台提高生产能力所需的机器。他们没有足够的资金同时购买两样东西。不过他们也随即表示，这是在同意购买你的产品之前唯一没有确定的事情了。这时你会如何回应呢？

很显然，眼下障碍的根源就是"为什么要花钱？"你一定要意识到，无论是什么类型的销售，每当你请求买家购买你的产品或服务时，也是在要求他们不去选择其他产品或服务。无论是为了自身考虑，还是为了员工考虑做出购买决定，买家所能动用的资金都是有限的。

要想引导潜在客户在为何应该购买你的产品或服务的问题上找到充分的理由，最有效的方法来自他们的另一个基本购买激励因素，它被称为"主导性购买动机"（dominant buying motive）。主导性购买动机是买家在情感上的购买原因。在潜在用户看来，获得你的产品或服务的决定有多么重要，就是由它们来决定的。主导性购买动机之所以对于购买决策有着高度的影响力，是因为它们由两种经科学验证的人类行为触发因素组成。

1. 收益渴望

收益渴望是买家在购买产品或服务后得到的积极结果。这其中可以包括给他们所代表的组织所带来的好处，例如产生更多的收入、提高生产力或者减少浪费。然而，其中也可能存在个人的收益，例如职位的稳定、奖金的增加或者心态的平和。

在评估潜在客户对收益的渴望时，要注意不能做假设，因为这容易让你跳跃到错误的结论中去。相反，你应该集中注意力，寻找让买家想得到你的产品或服务所产生的收益渴望的驱动原因。（在第五章中，我会告诉我你如何提出问题，帮助你发现这些原因。）

你对买家想从购买中获得的收益了解得越多，就越能强有力地告诉他们，为什么购买你的产品或服务要比购买其他东西更有利。（我们会在第七章探讨一种帮助你传达这一信息的销售策略。）

2. 损失恐惧

2002 年的诺贝尔经济学奖授予给了认知心理学家丹尼尔·卡尼曼，因为他"将来自心理学研究的见解，尤其是关于人类在不确定状况下的判断和决策，结合到了经济学中"。

他的研究挑战了传统智慧，证明人类经常会做出不合理的决定。卡尼曼的研究的内在价值证明了人类的决定并不是由逻辑裁定的，而是来自"支配人们如何看待决策问题和选项评估的心理学原理"。

他指出，损失厌恶是其中一项对决策产生重要影响的"心理学原理"。

例如，在一项实验中，卡尼曼和一位同事让参与者置身于这样一个场景下：假设美国正在经历一场能够杀死600人的致命疾病的大爆发，而对抗它的选择只有两种：

选项1：这一选择能保证600人中有200人能活下来。

选项2：这一选择能提供1/3的概率让600人全部生存，但也有2/3的概率会让全员丧生。

卡内曼发现，绝大部分参与者都选择了选项1。

然而，他接着让其他参与者体验同样的场景，只不过将选项通过另一种说法呈现出来。用词上的微小变化就会大幅改变人们做出的选择。

新一批参与者在得知能杀死600人的相同致命疾病后，要在以下两种选项中选择：

选项1：这一选择能保证400人会丧生。

选项2：这一选择能提供1/3的概率无人丧生，和2/3的概率600人丧生。

这一次，大多数参与者都选择了选项2。

在两个场景中的选项都是完全相同的。尽管数学上的概率没有发生变化，但他们修改了选项的表现形式。强调损失的选项受到了大家的拒绝。

科学已经证明，损失恐惧是一种强大到叫人无法忽视的激励因素。最近由7位行为科学家领导的元分析详细检查了127项不同研究报告中的结果，并发现基于恐惧感的请求是强有力地影响行为的一种高效而可预测的方式。

神经科学家们还研究了损失恐惧是如何影响人类大脑的。发表在《认知大脑研究》（*Cognitive Brain Research*）上的一项研究的结果指出，损失厌恶是一种非常强大的激励因素，"通常而言，损失的影响要比同等程度的收益的影响至少高出一倍，所以，人们需要 50% 的概率获得至少 200 美元才能与 50% 的概率损失 100 美元相平衡"。

例如，有一家电信公司通过将客户的注意力集中在取消套餐时的损失上，成功降低了取消率。过去，当客户打电话要求取消套餐时，公司代表就会说，如果他们能继续选择该公司，将得到 100 通电话的奖励（收益渴望）。当代表开始通知客户，他们已经得到了 100 通电话的奖励，但如果现在取消的话，就会失去它们（损失恐惧）时，取消率就降低了。当将要失去，而不是获得这些通话次数时，客户为它们赋予的价值就会更高。

光靠产生损失恐惧还不足以改变行为。心理学教授霍华德·利文撒尔（Howard Leventhal）分析了某些强调损失恐惧的信息未能产生说服力的原因。他发现，在传达基于恐惧的信息时，如果不告诉接受方减轻损失的方法，那么就无法迫使他们采取行动。如果没有明确的方法缓解由损失恐惧所产生的情感压力，人们就会感到挫败，并可能对招致恐惧的信息视而不见。

因此，在唤起损失恐惧时，你必须每次都告诉买家该如何通过你的公司、产品或服务带给他们的好处来避开这份恐惧。

如何利用主导性购买动机来赢得更多的销量

一旦知晓了买家的主导性购买动机，你就可以利用它们来让购买决策朝你有利的方向发展。方法是：当潜在客户选择从你这里购买和从他人那里购买一件产品犹豫不决时，要帮助他们好好思考，如果选择你的产品或服务会获得什么，否则的话又会失去什么。这样他们就会形成决定购买决策优先级与合理性所需的清晰思路。

你可以提出诸如"假如你现在就迈出这一步，投资这项技术，那么你觉得最主要的优势（收益渴望）会是什么呢？"或者"要是你等到以后再投资这款设备，那么会给你的生产能力带来什么负面影响（损失恐惧）呢？"的问题来做到这一点。在引导买家认识到这些信息后，你可以继续说："既然如此，照你之前提到的原因，不觉得现在就投资这款设备更合理吗？"你要记住：绝不能让买家意识到他们的主导性购买动机。相反，要引导他们说出自己的购买原因（收益渴望或损失恐惧），然后利用他们的原因来促使他们做出正向的购买决策。

让买家将注意力放在主导性购买动机上也能给他们带来好处。你也知道，要做出购买决策，需要经历许多复杂的心理计算，大脑很可能因此转不过来。当你将潜在客户的注意力集中在为何想要购买的核心原因（收益渴望和损失恐惧）时，就是在帮助他们快刀斩断这些心理上的乱麻，并因此协助他们做出决定，购买真正能带来好处的东西。

◇ 6 个为什么的新的现实

现在，我们已经解开了买家如何形成购买决策的秘密。你越是能熟练地解答 6 个为什么并赢得认可，在销售中取得成功的机会就会越多。虽然在后续的章节中，我会告诉你更多以科学为基础的策略和战术，帮助你一一解答这些问题并赢得认可，但是首先，我们需要观察一下销售公式的右半边：情感状态及其对决策制定过程的影响。

第四章
针对买家的情感来销售

有句销售谚语是这样说的："人们跟着情感买东西，然后用逻辑来判断。"记得当我刚涉足销售业时，经常听见这句话，从那以后，在我的职业生涯中也时有耳闻。然而，这究竟是真的吗？情感真的会影响一个人购物的决定吗？而且，如果它真的扮演着这么重要的角色，那么对于引导潜在客户进行购买的销售人员来说，在这一过程中又该如何处理情感因素呢？

直到最近为止，这些问题的答案都还无从得知。当然了，大家都有一些想法，但是没有人能拿出可论证的证据，因为要想得到证据，就得在大脑当中探索，并将情感独立出来，从而验证在没有情感因素影响的情况下，决策会受到什么样的影响。以前，这是不可能做到的，但如今不一样了。

最近的科学发现已经彻底改变了这一现状，现在的我们对情感的了解已经达到了前所未有的程度，而且最重要的是，这些认识并非基于推测，而是扎根于固若金汤的证据。这些研究发现揭示了情感在购买决策中的作用，并透露了你该如何帮助买家从情感上与你和你的信息产生联系。为了充分理解情感对购买决策的影响，我会首先介绍一些失去了利用情感能力的人。

情感在决策制定中的作用

神经科学家安东尼奥·达马西奥（Antonio Damasio）的研究可以更好地解释情感对决策的影响。他突破性的研究把注意力放在了大脑某些部位经历过创伤，以至于无法完整地处理自己的情感的人群。这些人会以不带感情、过度理性的方式来思索每一种情况。这种运用情感能力的缺失是否会影响他们的决定呢？不幸的是，答案是肯定的。

达马西奥讲述了一件特别能说明问题的事例。一位情感能力有限的病人在安排一次未来的约会时苦恼不堪。他是这样描写与这位病人之间发生的事的：

我提议了两个可选的日期，两天都在下个月内，之间只相差了几天而已。这位病人拿出了日程表，开始对照着日历查询。在数名观察员的目击下，随后发生了非同寻常的行为。这位病人花了将近半个小时的时间列举了赞成和反对这两个日期的原因：之前的约会、与其他约会之间相隔的时间、可能的气候条件，几乎是一个人在考虑一次约会时可能想到的任何事情……接着，他带领我们做了一次令人厌倦的成本收益分析、列举了一串看不到尽头的提纲，对选项和可能的后果进行了毫无成果的比较。要是自制力稍差一点，我们不等听完他的长篇大论，就要大拍桌子喝止他了，不过我们最后选择了轻声地表示，他应该选择第二个候选日期。他的回答也同样的平静而迅速。他只说了两个字："好的。"他把日程表塞回口袋里，转身就走了。这一行为就是纯理性的局限性的一个良好例子。

　　这位病人和达马西奥评估过的其他病人几乎都存在病理上的优柔寡断，连基本的选择都难以决定，这真是令人感到难过。为了理解情感对决策制定的影响为何如此之大，我就需要与你分享他最重要的实验之一。

　　达马西奥邀请拥有正常大脑机能的人，和由于大脑受伤而失去情感能力的人戴着测谎仪，观察一系列图片。尽管大部分图片都是平淡无奇的自然风光或者抽象图案，但其中有几张是令人感到不安的照片。当拥有正常大脑机能的参与者看到这些恐怖的照片时，测谎仪上的读数如预期的那样出现了明显的变化。然而，当那些大脑受伤的人看到这些恐怖照片时，测谎仪上几乎没有任何波动。这些人无法感受到对照片的情感判断，而这种情感上的缺失导致了他们无法做出反应。

　　这一实验让我们得以一窥大脑的内部，对情感影响决策的方式产生一定的了解。大脑会利用情感来赋予价值，并将事物标记为好的或者坏的。大脑就是通过这种方式来区分什么东西重要，什么东西无关紧要的。既然大脑是这样评估现象和决定偏好的，那么这些情感的判断就是决策制定过程的基础了。神经科学家约瑟夫·勒杜（Joseph LeDoux）的解释非常幽默：他表示，让你能认出兄弟姐妹的脸的是大脑的理性部分，而让你想起自己不喜欢他／她的是你的情感。

　　大脑会利用情感来赋予价值，并将事物标记为好的或者坏的。大脑就是通过这种方式来区分什么东西重要，什么东西无关紧要的。

　　按照基本相同的道理，买家也会利用自己的情感来决定你的想法是否具有说服力，以及你的产品或服务是否重要。这种与你的产品或服务在情感上的联系会导致潜在客户产生渴望。社会心理学家奇普·希斯（Chip Heath）和丹·希斯（Dan Heath）断言："这就是情感对想法的影响——它让人们产生关注。它让人们有感觉。"

情感塑造感知

尽管情感是大脑决定价值和偏好的方式，但这只是其中的一部分而已。大脑还会利用情感作为感知所遇到的一切事物的窗户。实际上，压倒性数量的研究表明，一个人在特定时间所感受到的情感的集合［被称为情感状态（emotional state）］深刻地影响着大脑处理选择的方式。当你试图影响别人时，没有什么比这一点更重要了。

大量科学研究表明，感受正面情感会大幅提高理解力，增强做出决定的心理能力，促进对劝诱请求的接受程度。康奈尔大学的心理学教授爱丽丝·艾森（Alice Isen）解释道，当人们处于正面的情感状态时，就仿佛是通过玫瑰色的眼镜看世界一样。这就意味着，当买家感觉到这些令人振奋的情感时，他们的观点会变得更加乐观，因为他们的大脑会通过这些情感的镜片来看待你的信息。研究还发现，这些正面的感受会提高影响力的外围途径的影响（在第二章中讨论过），并让捷思（心理捷径）的重要性提高。不仅如此，这些积极的情感会让买家产生倾向性，让买家更容易接你的电话、同意会晤、肯定你的价值主张，甚至于更容易让买家购买你的产品或服务。

例如，当一家大型零售商集中力量创造能改善购物者的情感状态的待客之道时，相同门店的销量提高了三倍。类似地，当一家大型金融机构制定策略，给特定客户群体带来正向的情感激励时，该用户群组中新账户的销售提高了 40%。

正向的情感状态甚至可以提高平均销售价格。这是社会心理学家凯伦·奥奎因（Karen O'Quin）和乔尔·阿罗诺夫（Joel Aronoff）领导的一项实验的发现。他们让销售人员在公布一件艺术品的价格时开玩笑说："我再额外把我的宠物青蛙送给你。"这句有趣的玩笑话能瓦解紧张的气氛，为买家注入正向的情感。相比没有听到这句话的人，这些买家愿意为这件艺术品付出更高的价格。

那么，负面的情感又是怎样的呢？它们会如何影响决策制定呢？行为科学家迈克尔·罗斯（Michael Ross）和加斯·弗莱彻（Garth Fletcher）发现（证实了艾森的研究），当人们处于负面情感状态时，他们的感知会变得更加冷酷。不仅如此，如果大脑完全被负面情感给压倒了，那么就很难感受到价值，以至于常常不假思索地拒绝对一个人最有利的想法或决定。实际上，许多销售停滞不前甚至无疾而终的原因不是别的，就是因为买家在接受销售对话时处于负面的情感状态，这会蒙蔽他们的判断，让他们无法看到销售人员所呈现的价值。

为了充分掌握情感状态对决策过程的影响力，我们来观察一个理应不受它们影响的地方：司法裁决。三位行为科学家在《美国国家科学院院刊》上发表的一篇文章称，法官"可能受到理应对法律判决没有影响的外来变量的左右"。这些科学家发现，当法官处于正面的情感状态时，有 65% 的时间都会判假释。虽然这个数字并没有什么特别奇怪的，但当法官处于负面的情感状态时，他们感到疲倦、饥饿或者只是工作了一整天想要回家时会怎么样呢？在这些情况下，法官判假释的概率几乎为零。没错，情感状态不仅仅影响了法官的判决，更在事实上决定了他们的判决！著名的社会心理学家戴维·迈尔斯（David Myers）也总结过情感状态对决策制定的决定力，他说："我们的情绪会影响我们的判断。我们并不是冰冷的计算机；我们是有情感的生物。"

如果司法裁决都无法免受情感的左右，那么购买决策自然也不例外。虽然一些潜在客户可能觉得自己能够超脱于情感之上，单纯以逻辑为基础做出决定，但是事实压倒性地证明，情感对于大脑的决策处理起着不可或缺的作用，其中也包括商业决策。领导力专家杰伊·康格（Jay Conger）在《哈佛商业评论》上写过这方面的文章，他认为："在商业的世界里，我们总以为同事们都是用理性来做决定的，然而如果我们刮开表面，就总能发现情感在其中发挥的作用。"

丹·艾瑞里和行为经济学家伙伴爱德华多·B. 安德雷德（Eduardo B. Andrade）断言，因为情感状态作用于意识之下，所以人们很少会将自己的乐观看法与情感状态联系在一起。相反，他们的实际感受是周围的世界发生了变化。借用艾森的比喻，虽然他们正在通过玫瑰色的眼镜观察这个世界，但却并没有意识到这副眼镜的存在。一切只是看起来粉嘟嘟的而已。

举个例子，你觉得吃花生和喝百事可乐会让你更容易认同销售信息吗？大多数人都无法相信自己能被如此轻易地收买，但这恰恰是行为科学家欧文·贾妮思（Irving Janis）进行的研究所发现的情况。当参与者听到一段劝诱请求时，其中一部分得到了花生和百事可乐等小吃的招待。这些得到了食物和饮料的人明显地更相信别人的话。这是为什么呢？因为，与饮食有关的良好感受会自然而然地充实他们的情感状态，从而让他们进入更容易接受信息的状态。

那么，潜在客户没有意识到自己的情感状态，这对于你而言有什么意义呢？当他们陷入负面的情感状态时，不管你呈现什么样的想法都会让他们觉得不舒服。在我分析销售对话的研究中，我就发现这会严重破坏销售人员的效力。一般而言，接受程度较强的买家也会变得事不关己高高挂起，于是就阻碍了销售的进展。这种兴趣的缺失与销售人员，甚至是买家对产品或服务的需求都毫无关系，而是由买家的情感状态造成的。只要销售人员还不懂得如何处理好情感状态，这次销售对话就不可能带来什么成果，甚至会中断整个销售的进程。更令人担忧的是，正处于强烈的负面情感下的未来客户几乎不可能做出积极的购买决策。这些情感简直就禁止了他们的大脑做出赞成的决定，这与有关司法裁决的研究所发现的情况十分相似。

然而，我需要重申一下，尽管这种情况时有发生，但潜在的客户是毫无意识的。买家从来不会觉得负面情感状态歪曲了自己的视角。相反，他们会觉得问题出在销售人员、产品、服务或者公司身上。因为他们无法看出什么高水平的价值，所以就觉得这些价值根本就不存在。

现在，你应该已经很清楚，情感状态是如何影响买家的购买决定了。情感在购买决策中的作用已经根深蒂固到无法忽视的程度了。这就是为什么我要把它放在第三章所讨论的销售公式里。（简单地提醒一下，销售公式证明，购买决策是对6个为什么的——认同和买家处于正面的情感状态所产生的结果。）

我想要再分享一个与情感状态有关的关键信息，而且这是一个好消息。实际上，与之有关的最为重要的科学发现可能就是：它们是可以被改变的。你的潜在客户并不一定要充当目前的情感状态的俘虏，你可以改变它。一旦你学会了如何去改变，就能增强自己引导购买者完成购买过程的能力，同时也提高自己的影响力和销售成果。

不过，在我分享一些如何转移潜在客户的情感状态的策略之前，我们必须首先分析一下如何识别它们。

识别买家的情感状态

约翰·戈特曼博士（Dr. John Gottman）是一位专注研究健康婚姻因素长达 40 年的著名婚姻顾问。根据发表在《家庭心理学杂志》（*Journal of Family Psychology*）上的研究成果，他已经发现了许多婚姻不和的检测因素，并因此能以 93.6% 的准确率来预测一对夫妇离婚与否。虽然这听起来似乎令人吃惊、难以置信，甚至会让一些人感到可怕，但他实现这堪称奇迹的壮举的方法却意外地简单：他知道该观察哪些早期情感信号。

通过基本相同的方法，一旦你知道该观察些什么，就能快速而准确地识别买家的情感状态。持续不断地监控你的影响对象的情感状态之所以至关重要，是因为在你能转移情感状态之前，首先必须认清它才行。

认识潜在客户情感状态的关键就是要把注意力放在他们的非语言行为上。但是，在进一步探讨之前，让我们先简要地定义一下什么是非语言交流。这是一种无须语言文字的交流，包括手势、语调、语速、姿势、肢体运动、面部表情、空间距离、触碰和眼神交流等。

专注于潜在客户的非语言线索能帮助你发现他们的情感状态。我见到销售人员犯下最常见的错误就是在尝试了解买家的情感状态时，只专注于买家的语言，忽略了他们的非语言信号。几年前，在我主持的一场销售培训研讨会上，这一点就得到了确切的验证。那天下午，我向销售人员介绍了自己基于科学的提问模型。接着，他们被分散成多个小组，实际操练这一模型。在其中一个实践小组中，一位销售人员会向扮演客户的另一个人提出一系列强有力的问题，了解对方过去与供应商之间的经历。在回答其中一个问题时，"客户"的语气和手势表现出了明显的情感。提出问题的销售人员并没有注意到刚刚发生的重要情况，紧接着就转向下一个问题了。我终止了实践环节，帮助这个小组理解刚才错过的事情有多么重要。这个问题为什么转移了客户的情感状态呢？当我让这名销售人员提出一些启发性的后续问题，揭示情感爆发的原因时，就会洞察到一些意义重大的信息。如果这是一次真实的销售对话，那么会对销售的走势带来多大的影响啊。

这并不是一个个例。我经常在销售对话中发现，买家展现的非语言迹象好比耀眼的霓虹灯，提醒周围的所有人注意他们的情感状态。如果你有心寻找，就能发现它们。但是如果你没有去寻找它们，那么就常常会错过这些线索。

非语言信号之所以是一个人的情感状态的有效指示因素，有两个原因。下面就来了解一下：

◇ 1. 绝大部分的交流都是非语言的

关于非语言交流，最知名也最常得到引用的研究来自加州大学洛杉矶分校（UCLA）的教授艾伯特·梅拉比安（Albert Mehrabian）。他与一位同事研究了交流当中面部表情、语调和口头语言的影响。他的实验发现，在交流的信息中，说出的词句只占 7% 的作用，语调占 38%，而面部表情占了 55%。

梅拉比安的研究并非提供了交流中所能使用的具体公式。相反，其研究的价值在于揭示了非语言线索在交流过程中所扮演的重要角色。梅拉比安根据这一点和其他的实验得出推论，与他人交流的主要内容都是通过非语言渠道传达的。得出这一结论的人并不只有他一个。一个接一个的研究都证明，交流的主体是非语言的。

◇ 2. 非语言的交流是未被过滤的

不经大脑思考——这就是知名行为科学家艾伦·兰格（Ellen Langer）对人们所发出的非语言信号的评论。她和其他许多研究人员发现，与受到大脑调控的语言交流不同，非语言的交流几乎没有经过任何的过滤。从孩提时代起，我们每个人受到的教育都是注意自己说出来的话，而非我们的非语言交流。

当买家与你交谈时，他们虽然可能会谨慎地遣词用句，但却很少会克制非语言的信号。因此，他们的情感会渗透到行为之中，提醒你他们真正的感受。

学习如何观察非语言行为并不是什么艰巨的任务，因为你早已具备了这种能力。你必须做的只是去培养它。

就连孩童都知道如何分辨父母的情感状态。例如，如果他们需要把考砸的成绩单给父母看，就会选择一个最完美的时机（等妈妈或者爸爸处于兴高采烈的情感状态时）。这是为什么呢？因为他们知道，如果父母透过积极情感的镜片来看待这一情况，就能大大提高体谅理解的可能性。

识别买家情感状态的关键就是训练你的头脑，使你的头脑适应对方所呈现的情感。一旦你开始这么做，就会惊讶于自己的发现有多大的价值。

　　例如，你觉得学生们在短短两秒钟的时间内，根据对老师的非语言行为的观察，能对其做出什么样的评估呢？如果你觉得这样的评估结果并不深刻，那么就很可能猜错了。行为科学家娜丽尼·安倍迪（Nalini Ambady）和罗伯特·罗森塔尔（Robert Rosenthal）让参与者观看了一些老师的非语言行为的视频片段，长度在 2 到 30 秒内。光靠观察老师的行为，大部分观看者都能以惊人的准确率预测学生在一个学期之后对其的评价。该研究及其他研究发现，大脑可以对他人做出迅速的、惊人的准确判断，而这种现象被称为薄片（thin slicing）。

　　类似地，一旦你开始有意识地评估他人的非语言行为，就会发现他们情感状态的蛛丝马迹。

　　下面的练习将训练你的思维，让你学会如何意识到并更好地解读他人的情感状态。在每一种情感状态下，简单写下你曾经看到别人表现出什么样的非语言行为，以及透露出何种情感。接着，在下一次销售对话中，开始寻找这些非语言的表现。你会发现这有助于你分辨买家的情感状态。

情感状态练习

正面的情感状态	负面的情感状态

注：我建议你不要跳过这一练习。你需要认真思考一套策略，然后写在纸上，可以将其巩固在你的头脑中，并提高利用它来影响他人的能力。

如何改变买家的情感状态

如果你是一名销售人员，那么一定有过这样的感觉：当你有预感买家将要做出正面的购买决策时，心头会涌上一股混合了激动、恐惧和希望的奇特感觉。这就是当一位销售人员（我们叫他小吉）在面对一群在他看来终于做好了购买准备的买家时的体会。这场会面按照计划进行，在接近尾声的时候，他已经胸有成竹，自己距离这张大订单只差一些书面文件了。可是，令他感到意外的是，买家拒绝迈出下一步，而且当他询问他们还有什么顾虑时，对方坦白说并没有什么特别的原因，但就是"感觉不太对劲"。小吉不知道该作何反应。他拼命地寻找可以克服的障碍，但却一无所获。我认识小吉的时候，这件事情虽然已经过了一段时间了，但时间并没有冲淡这次失败销售所造成的打击。当他将细节转述给我时，我很快就意识到了问题所在。潜在客户当时处于负面的情感状态下，因此没能做出最终的购买决策。

如果你是小吉，那你会怎么做呢？一个人的情感状态是可以被改变的，不过这并不一定是件容易的事情。人类是复杂的，他们的情感受到了许多因素的影响。不过，已经有大量经科学验证的策略被证明能够转移一个人的情感状态。在我们了解它们之前，我想请你留意我的研究所发现的一个要点：只采取一种策略是万万不够的。你需要连续运用这些策略中的好几种才能打破负面情感的枷锁。

你可以运用下列 4 种策略直接影响和改善买家的情感状态：

◇ 1号策略：运用情感认知

你有没有在杂货店里排队，心里焦灼地等着轮到自己买单的经历呢？如果这时收银员热情地向你打招呼，用积极向上的态度展开对话，那么在毫无意识的情况下，你就会开始振作精神，心情也开始有点愉悦了。在几分钟的一来一回的玩笑声后，你将带着微笑离开，感觉比排队的时候愉快多了。这是怎么回事呢？你刚才经历了被行为科学家伊莱恩·哈特菲尔德（Elaine Hatfield）称为情感认知（emotional cognition）的概念，即"人们倾向于'捕获'他人的情感"。她用强有力的科学证据证明，当人们遇到某个展现出强烈情感的人时，自己心中也会唤起相同的情感。

心理学家丹尼尔·戈尔曼（Daniel Goleman）在作品《情商2》（*Social Intelligence*）中将此描述为"情感上的流感"。他解释说："当某人将有毒的感觉甩在我们身上——爆发出愤怒或者威胁，表现出厌恶或者轻蔑——就会激活我们身体内部的这些完全相同的负面情感的电路。他们的行为具有强大的神经学后果：情感是会传染的。"

例如，当行为科学家彼得·托特德尔（Peter Totterdell）和同事针对各种各样的行业开展研究实验时，发现在一起工作的人的情感会发生相互感染，甚至于会共享相同的情感状态。无论情感状态是正面的，还是负面的，都存在这样的情况。

还有大量的研究表明，人们几乎从来不会意识到自己接纳了他人的情感。例如，如果你的一个同事负能量爆棚，那么你可能会发现，你在她身边时就会无意识地采取比较悲观的观点。类似地，如果你正在和一个热情而乐观的人交谈，那么你也会感到深受鼓舞。

那么，你该如何将正面情感传播给客户，并阻止别人用负面情感传染你呢？这一重要问题的答案就隐藏在发表于《非言语交流杂志》（*Journal of Nonverbal Behavior*）上的一则有趣的实验中。当三个陌生人围成一个圈，沉默地坐上两分钟时，情感最外露的人会把自己的情感状态传递给其他人。所以，在尝试转移买家的情感状态时，要记得让你的正面情感展现的程度比他们传达的负面情感更加强烈。这将自然而然地让他们的情感效法于你。

在尝试激发对你有利的情感认知时，你可以利用许多种行为。下面这两种简单直接、易于执行、经科学验证的行为将会协助你转移他人的情感状态，具体如下：

1. 利用积极的语调变化

你的语调变化是传递言语中的情感频率的基本方式之一。发表在《生物心理学》（*Biological Psychology*）上的一篇惊人的研究证明，当非语言表达与语言表达承载了相同的情感时，大脑会对前者赋予更高的优先级。因此，当你运用语调变化时，就是一边在情感层面上影响听众，一边促使他们从心理上接受你所分享的内容。

阐明这一点的一项科学研究来自社会心理学家罗兰·诺依曼（Roland Neumann）和弗里茨·斯特拉克（Fritz Strack）。他们的实验邀请参与者充当讲座的听众。一部分参与者听到的演讲者采用了积极的语调变化，而另一部分则听到了同一个演讲者用单调的语气完成了相同的演讲。接着，研究人员请这两组参与者评价自己的情绪如何。比起听了干巴巴的演讲的参与者，那些听到饱含积极态度的演讲的参与者要感觉乐观得多。

更重要的是，甚至有证据表明，语调变化所引起的情感会影响未来的行为。娜丽尼·安倍迪和同事开展了一项研究，分析了外科医生的语调在多大程度上会影响受到病人起诉的概率。该研究表明，用温柔、关怀的语调说话的外科医生遭到起诉的可能性要远远低于操着一口严厉口气的外科医生。

作为一名销售教练，我已经见识过无数的销售陈述了。销售人员陈述技巧的主要初始指标之一就是他们对语调的运用。就算说辞完全一致，那些采用强有力的语调的人相比语调较弱的人而言，也总能更有效地吸引买家的注意力。语调表现了你的热情，并让你给人留下更有趣、更吸引人的感觉。不仅如此，它们还会在他人心中产生你所传达的情感。

最后我要警告一下：在尝试通过语调变化来传达情感时，一定要动点脑子。虽然它们是传递情感的有效方法，但不可错误地使用。我见到过有的销售人员为了表达正面的情感，做出了看起来夸张而异常的行为。记住，正面情感的有效传递决不会让你失去公信力，反而会增强你的公信力。如果你要尝试采取某种新的非语言行为，就要在自己的性格范围内进行。这应该还是你该有的模样，只不过你的行为相比平常有所增强罢了。

2. 通过语言传达强烈的信任

在过去的几十年里，社会科学家们对教育的研究几乎比其他任何主题都多。从教育研究中得出的基本原理之一，就是无论处于什么年龄，人们的动机越强，学到的东西就越多。也就是说，一个学习没有动机的人从别人教授的东西中的吸收和应用的东西几乎为零。那么问题就来了：该如何培养学习的动机呢？

这一主题的证据令人惊奇的地方在于，它表明学习不仅取决于学生，也同样程度地取决于老师。大量的科学研究发现，当老师博识、热情，并且对自己所教授的东西表现出正面情感时，这些情感就会传染给学生，提高他们理解和保存信息的能力。正如备受尊敬的教育心理学家雷蒙德·沃特科沃斯基（Raymond Wlodkowski）所说："在教育的研究中，热情早就与提高学习者的动机和成就联系在一起了。"

类似地，当你对销售的某一方面表现出正面感受时，买家对你所分享的东西也会产生强烈的感受。最简单而又最具说服力的一个方法就是用语言表达你对公司、产品或服务抱有的强烈信任。你应该通过对买家而言同样有意义的感叹句来表现。例如，我觉得销售是如此重要，必须以实证科学为基础。这并不是一句陈腐的座右铭。相反，它是我所有行动和教育的基础。它是我成为一名销售教练的原因。

要想通过传达信任来激发正面的情感，你就必须开诚布公地表达自己真正相信的东西。这是做不了假的。当一个人假装相信时，旁人都看得出来。

对公司、产品或服务表现出正面情感是有效销售的一个必不可少的组成部分。这么多年来，我看到销售人员一直为此苦苦挣扎，也为了激励潜在客户关注他们的言语和销售之物而绞尽脑汁。

下面几个例子会告诉你这种充满情感的话语应该是什么样子的：

·我之所以对我们的服务协议这么有信心，是因为它让我们的客户完全不需要为设备的正常运转而烦心。即使万一发生了问题，它也能得到迅速的修理，好让你的业务免受损失。

·我非常有信心，我们的公司定将超出你的期望，因为我在这里已经工作了8年多了，一直看着公司专注于为客户提供服务，这就是为什么我们得到了98%的客户认可率。

·我能跟你说说我为什么这么相信这款产品吗？那是因为它的终身质

保。产品的终身质保让我们的客户再也不用担心。它保证了假如出现什么问题，那也都是我们的问题，而不是你的。

这些表述的特点之一是，它们当中都有"因为"这个词。行为科学家艾伦·兰格开展的研究表明，加上"因为"两字可以提高对方顺从的概率。这并不是因为这两个字有多么神奇，而是因为大量研究都发现，在给出了原因的情况下，人们会更容易听从建议采取行动。

在兰格的研究实验中，合作者会询问正在排队等着复印的陌生人："不好意思，我这里有 5 页纸。能让我用一下复印机吗？"这样的请求会让60% 的人允许这名合作者插队。然而，当兰格让合作者改变说辞为："不好意思，我这里有 5 页纸。能让我用一下复印机吗？因为，我现在有急事，必须把它们复印一下。"就有高达 93% 的人同意了他的请求。

信心十足的练习

好好想想，在你的公司、产品或服务中，有哪两个地方令你深信不疑，并且对于买家有着重要意义呢？接着，简单写下两句充满情感的话语来表达这份信心。

1 号信心十足的表述

_____

_____

2 号信心十足的表述

_____

_____

既然你已经以自己对于公司、产品或服务的十足信心为基础，创造了两句与客户息息相关的表述，那么就该策划在销售过程中的哪个环节使用它们了。一旦你将它们熟记于心，并开始使用这一招，就会发现它们能帮助你更好地在情感层面上与买家进行交流。

◇ 2号策略：利用霍索恩效应

改变工作条件能快速提高工人的生产力吗？这是西方电气公司（Western Electric Company）想要回答的问题。该公司在位于芝加哥郊外的霍索恩工厂进行了大量实验。管理层设立了一间条件可控的试验室，并密切地监控工人的一举一动。他们首先调查的是提高照明能否加强生产力。然而，当他们将试验室里的员工的产出与在正常照明条件下工作的员工的产出进行对比时出乎意料地发现，这两组的产出都提高了。

心里在想"什么鬼？"的人可不止你一个。开展这一试验的人也都感到困惑不解。实际上，他们的困惑还会继续增加，因为在之后的5年里，他们开展了一系列实验，分析咖啡时间、财政激励、缩短工时、不同的休息时间、免费午餐和其他各种方面是否会提高工人的生产力。结果表明，每当情况发生变化时，员工的效率都会提高。有一次，管理层甚至退回到了最初的工作条件，结果生产力还是提高了。最后摆在他们的眼前的真相是，工人生产力提高的原因并不是工作条件的变化，而是因为他们知道自己受到了监控。

这些实验的发现被冠以霍索恩效应（Hawthorne effect）的名字，并且于1939年发表于著作《管理与工人》（*Management and the Worker*）上而为人所知。这些实验说明，当一个人意识到有人在观察自己时，他或她的行为就会发生变化。自那以后，这一现象就作为人类行为的一个强有力的影响因素而被大家研究和验证。

在尝试改变买家的情感状态时，你可以借助于霍索恩效应，唤起他们对情感的注意。这是一种强大而又简单的方法，帮助人们挣脱负面情感的束缚，因为他们很少能对自己的情感状态有一个明确的认知。然而，如果唤起了他们对这些情感的注意，那你就能将潜在客户从中解救出来，并以客观的角度看待它们。

下面是一些如何以专业而又人性的方式指出负面情感状态的例子：

· 小强，你今天看起来不在状态啊。发生了什么事吗？

· 莎莎，有什么问题吗？你看起来心神不宁的。

· 阿布，现在还方便讨论这件事吗？你看上去好像有些别的想法。

当你让买家注意到自己的负面情感时，他们通常就会本着人类天生的倾向性，回答"不，我很好"或者"是的，我刚才只是在想今天早前发生的一件事情，你请继续"来压抑这些情感。这可以减弱情感状态，让他们振作起来，并将全部精力放在你的身上。这两点作用将让你能更轻松地引导潜在客户进入积极的情感状态中去。

关于霍索恩效应，需要提到的最后一点是：对话中一定要用关心的语调。如果你没能流露出同情，那么对方可能会以反抗的态度予以回应，从而将其注意力引到你的身上，而不是他的情感状态上。因此，要特别注意你表现霍索恩效应的方式，因为如果运用得当，它将效用非凡。

◇ 3 号策略：讨论能自然而然激发积极情感的话题

当你与买家展开对话，发现他正处于负面的情感状态时，该怎么做呢？虽然可以采取的策略有很多，但最简单且最强大的一种就是促使对方思考和说出某件与积极情感有关的事情。

每个人都有一些特定的话题，能自然而然地令他们感觉良好。谈论诸如家庭、兴趣爱好或者假期等事物可能会导致积极情感涌入大脑，在转瞬之间提高买家的接受程度。

尽管买家的情感状态是你在整个销售过程中都必须留意的目标，但是在销售对话的开头，这一点会变得特别至关重要。如果买家处于负面的情感状态下，你就应该转移他的想法，重新聚焦在充满积极情感的话题上。

发表在《群体动力学》（Group Dynamics）及其他刊物上的研究已经证明，当协商和销售对话以轻松的闲聊展开时，更有可能实现有利的结果。此类非正式的对话可以迅速提升亲密关系，而且在专注于与积极向上的情感息息相关的话题时，对话所产生的积极影响将得到进一步的扩大，因为它改善了潜在客户的情感状态。

你该如何找到这些促进情感的话题呢？你可以针对买家的兴趣爱好、家庭、假期、群组成员、协会、获奖等，做好洽谈前的计划。例如，如果你查阅一下潜在客户的社交媒体账户，发现他是一个热爱钓鱼的人、有两个年幼的孩子、在高中当体育教练，而且是当地的演讲俱乐部的主席，那么你就拥有了许多最有可能激发积极情感的话题。

找出充满积极向上情感的话题的另一种方法就是倾听潜在用户的关注点，例如下一次旅行、最近一次家庭外出或者运动健身。同样，在与买家面对面会谈时，要用眼睛去寻找线索（照片、屏保、贴纸），从中找到有可能激发好心情的潜在话题，来作为你的突破口。在发现它们时，要做好笔记，以便记忆，并在计划与这些客户展开下一次销售对话时作为参考。

询问这些话题可以将会话引入一个增强潜在客户的情感状态的环境中，并以愉悦、乐观的方式为销售对话开一个好头。这种简单的策略会带来丰厚的成果，因为买家会保持这样的情感状态，并因此改变对销售对话的看法。

◇ 4 号策略：改变非语言行为

在上文中，我已经用证据证明，非语言行为能够非常准确地描绘出情感状态。然而，这只是两者关系的一个方面而已。也有足够多的证据表明，非语言行为能够改变情感状态。

许多科学研究已经指出，像握紧拳头这样的行为能放大愤怒的感觉，而像耷拉脑袋这样的行为则可以产生悲伤的感觉。另一项发表在《个性与社会心理学杂志》（*Journal of Personality and Social Psychology*）上的科学研究证实，当参与者对着镜子观察自己的非语言行为时，他们所感受到的情感会增强。

有为数众多且不断增加的科学证据表明，如果一个人的非语言行为发生了变化，那么其情感状态也会发生变化。这是因为移动肢体的动作有可能中断情感模式，引导人进入接受程度更强的状态。正如情感的心理学研究先驱、传奇心理学家威廉·詹姆斯（William James）的结论所说："虽然行动似乎是跟随感觉的，但其实行动和感觉是并驾齐驱的；而通过调节更容易通过意志直接控制的行为，我们就能间接地调节不那么容易控制的感觉。"詹姆斯记录了兄弟之死带给他的悲痛逐渐演变成了抑郁。无处寻找慰藉的詹姆斯开始强迫自己做出与快乐有关的非语言行为。在短时间内，他就发现非语言行为开始对他的感觉产生了积极的影响。

销售人员常常会惊讶地发现，如果客户的身体动作发生了变化，那么他们的情感反应水平也时常会出现变化。站立、行走或者身体前倾虽然都是很简单的动作，但却是开始转移负面情感的有效方法。所以，如果客户坐在椅子上双臂交叉、身体后倾，那么你就可以说："杰哥，能不能麻烦你朝前坐一点，我想给你看看这张图？这可以解答你之前提出的那个问题。"
这种身体姿态的适度变化将缓和他目前的情感状态，并提高他感受更积极
情感的能力。

还有一些有趣的科学研究证明，面部表情的变化可以触发情感的变
化。行为科学家们将这种现象称之为面部表情反馈假说（facial feedback
hypothesis）。社会心理学家索尔·卡辛（Saul Kassin）、史蒂文·菲恩（Steven
Fein）和黑兹尔·罗斯·马库斯（Hazel Rose Markus）对其含义的概括颇为
精妙："表情反馈可以唤起和放大某些情感状态。"

在这方面，最具影响力的动作之一就是微笑了。社会科学家西蒙尼·舒
奈尔（Simone Schnall）和詹姆斯·莱尔德（James Laird）开展了大量的心
理学实验，探索微笑是如何影响一个人的情感状态的。他们的研究结论是，
当一个人在微笑时，会本能地被置于一个更乐观、更有活力的情感状态下。
他们还发现，即使微笑的动作结束了，这些积极的情感也持续存在。

微笑甚至还被证明会对人类的大脑产生积极的影响。行为科学家罗伯
特·扎荣茨（Robert Zajonc）的研究表明，当面部肌肉扭曲而产生微笑时，
流入大脑的血液将会增加，从而降低大脑的温度。这就会自然而然地产生愉
悦感，并让人处于更乐观的情绪之中。

通过幽默感，或者只要简单地朝买家笑一笑，你就能成功地引起对方的
微笑。研究显示，微笑会激活大脑中的镜像神经元，而这常常会促使接受者
用微笑来予以回应。

监控、识别和改变潜在客户的情感状态是每一个销售人员必须精通的一
门技巧。下面是一位销售人员在学会了如何针对买家的情感状态来销售之后

的感悟："我从前不知道该如何把东西卖给处于负面情感状态的人。虽然我知道其中哪里有问题，他们也知道其中哪里有问题，但是我们似乎都对此无能为力。如果我能回到过去，那么一定能让其中许多情况都起死回生，因为现在我已经知道问题出在哪里，以及如何解决问题了。"

掌握科学方法并针对买家的情感来销售之所以是一件关键性任务，是因为情感促成了接洽，而只有接洽的买家才可能会买。这就是必须在整个销售过程中多次做出改变的原因。我将在本书的后续章节中分享更多的策略。这些策略在改变情感状态方面极其有效。

那么，既然你对于如何吸引买家的情感状态已经有了基本的了解，就让我们把注意力转移到销售的最重要的组成部分之一（提问）上吧。在下一章中，我会告诉你如何按照大脑揭露信息的方式来提问。

第二部分

销售人员提升业绩必备的销售工具

第五章
用科学提出强有力的问题

提问能增进购买行为吗？如果你说能，那么恭喜你答对了。实际上，提问具有很强的力量。行为科学家已经发现，只是询问人们对未来决定的想法就能对这些决定产生极大的影响。行为科学家将这种现象称为单纯测量效应（mere measurement effect）。

例如，社会科学家维姬·莫维茨（Vicki Morwitz）、埃里克·约翰逊和大卫·施密特莱茵（David Schmittlein）开展了一项参与者多达 4 万多人的研究，发现只是询问买家是否会在 6 个月内购买新车就能将他们的购买率提高 35%！发表在《应用心理学杂志》（Journal of Applied Psychology）上的研究表明，询问公民是否会在下一次选举中投票就能让他们投票的可能性提高 25%。对于人的未来行为进行提问，由此产生的力量如此强大，以至于有4 个行为科学家想要看看是否还能利用这一点来促进献血这一社会活动。事实果然如此。他们的研究成果发表在《健康心理学》（Health Psychology）杂志上，证明了询问人们献血的想法可以让献血率提高 8.6%。其他的研究还发现，像电脑销售、锻炼频率和疾病预防行为等五花八门的事情都能通过提问来得到促进。

那么，为什么提问对决策制定过程有这么大的影响力呢？因为，它们会提醒大脑思考某种行为，而研究表明这会增加采取该行为的概率。提问所激发的心理上的消化领悟也能帮助买家发现、改变和巩固想法。这就突出了问题的一个基本要素和它们在销售过程中所扮演的角色：买家需要它们。提问让潜在客户能够更好地理解自身情况，并察觉到该如何改进。这就是为什么它们成了销售中不可或缺的一部分。它们能引导潜在客户意识到他们为什么需要你的产品或服务。

但是提问并不是只对买家有利。它们也能帮助你在销售中变得更加成功。此话怎讲？提出有目的性的问题，能帮助你对潜在客户形成更深刻的了解。这样你便能够对销售展示进行量身剪裁，满足对方的需求和促进销售的成果。如果对买家知之甚少，那你准确而有说服力地呈现产品或服务的能力就会减弱，进而你的销售能力也会受到阻碍。

不仅如此，富有洞察力的问题能显露出你对潜在客户需求的关注，从而鼓励他们相信你。例如，假设你感觉不舒服，去看医生。如果医生一见到你，什么问题都没问，也没有仔细检查，就开了一份药方，那你会有什么感受呢？你很可能不会相信他或者遵从他的医嘱，因为他并没有足够的信息来准确地诊断你的病症。类似的道理，只有在相信你了解他们的情况下，买家才可能委托你来解决问题。

问题决定了思维的方向

问题最吸引人的一个方面就是能让思维专注于某一个想法。下面这个问题就能证明：

你家的房子是什么颜色的？

在看到这个问题时，你的脑子里在想着什么呢？答案显然就是你家房子的颜色。这个问题会劫持你的思维过程，让它专注于你的房子。你并不会故意告诉大脑要去思考它。这些都是自动发生的。我将问题引发的心理反射称为本能细化（instinctive elaboration）。当问题出现并接管大脑的思维过程时，就会发生本能细化的现象。因此，提问是一种不可或缺的销售策略：整个销售过程都取决于潜在客户对于你所倡导的价值主张的思考和认可。提问就能做到这一点——它们会引导买家仔细思考让销售成立的基本概念。不过，令这一现象更为显著的是，当大脑在思索问题的答案时，就不能专心思考其他任何事情了。

神经科学界的研究已经证明，人类的大脑在同一时刻只能思考一件事情。所以当你向买家提问时，就是在让他们的思维完全专注于你的问题上。应用认知研究中心（Center for Applied Cognitive Studies）的研究总监皮尔斯·霍华德（Pierce Howard）是这样描述的："尽管青少年们表示他们可以边看电视边做作业，但大脑在同一时刻不能专注于超过一项刺激。"神经科学家约翰·麦地那也支持这一主张："研究表明，我们无法多任务处理。我们在生物学上就无法同时处理多个需要注意力的事情。"赢得诺贝尔奖的经济学家赫伯特·西蒙（Herbert Simon）强调："人类的意识大都以串行的方式进行。任务的要求越高，我们就越是只能关注一件事。"心理学家爱德华·哈洛韦尔（Edward Hallowell）也用同时打好几个网球的例子来解释这个观点（人类的思维无法进行多任务处理）。

科学家发现，当大脑尝试进行多任务处理时，实际上会将注意力从一件任务上挪开，转移到另一件上去。虽然你的大脑可以对周围环境维持基本的认知，但在同一时间只能认真地思索一个想法。那些认为自己擅长多任务处理的人只不过是记忆力比较好，所以能记得在跳转到其他活动之前自己在想些什么而已。正如科学家米哈伊·西森米哈里（Mihaly Csikszentmihalyi）解释的那样："人类虽然无法真正成功地进行多任务处理，但却可以接二连三地将注意力在多个任务中快速转移，而这只是让我们感觉自己好像真的在同时做好几件事情而已。"所以，当你在阅读本书并思考其中的主张时，大脑就无法回忆起昨天中午吃了些什么。你可以思考其中一件事，但不能两件事同时思考。（如果你不相信，那么可以试试同时专注于这两件事——你会发现这是不可能完成的任务。）

因为问题决定了思维的方向，所以你也可以利用它们来引导销售。从这个角度来想想：当两个人在交谈时，我们很容易就会认为说话的一方是控制局面的人。然而，事实真的如此吗？当你在潜在客户面前陈述时，知道他们脑中都在想些什么吗？他们可能正在思索你讲述的内容，或者默念着某件完全无关的事情。与此相反，当你提出问题时，就等于征用了买家的思想，并引导它朝着问题的答案前进。

现在，让我们将这些概念应用到现实世界的销售环境中去。我们会讨论如何在两种不同的常见销售场景下利用提问来控制销售进展，从而提高销售的效力。

◇ 1 号场景：在销售过程的早期运用产品或服务的问题

许多销售人员在销售过程的早期经常遇到的一个困境就是，买家将关于产品或服务的问题阻挡在他们面前。销售人员自然无法做出适当的回答，因为在这一阶段，他们还不够了解潜在客户的情况，无法准确地展现自己的产品或服务能如何以有意义的方式帮到他们。不仅如此，过早地呈现产品或服务也会削弱销售展示中的说服力。那么，在应对这种一直提出你不想回答的问题的顽固买家时，该怎么做呢？你应该提出一个问题，控制住销售的走势，并让其朝着对双方都有利的方向发展，从而改变这场对话。具体而言，你可以这样做——用一两句话简洁地回答潜在客户的问题，然后抛出一个问题，让对方的注意力重新回到销售过程的当前步骤。你会发现，有了这种简单的策略，你就能够以非对抗的、高度参与的方式控制销售了。

◇ 2号场景：延续与买家之间一开始的对话

在刚开始接近买家时，他们可能在你还没有机会表现自己的时候，就想要过早地结束对话。那么，你该怎么做呢？可以运用被称为"思维重定向（thought redirect）"的方法，也就是利用提问来打断他们目前的思维，并将其重新定向到能够吸引他们注意力的话题上。我们通过下面这个例子了解一下：

销售人员："你目前有什么社交媒体策略吗？"

买家："抱歉，我们现在对任何社交媒体方面的帮助都没有兴趣。我们已经在与一家公司有愉快的合作了。"

销售人员："我明白了，听起来你对于目前的情况很满意。你们目前的社交媒体方案是如何为SEO（搜索引擎优化）和内容市场营销提供支持的呢？（销售人员在此处采用了一句软化的说辞，随后提出问题来重新定向买家的注意力。）"

买家："嗯……我不太清楚。我觉得目前可能没什么支持。你们公司是如何处理社交媒体和其他线上活动的呢？"

问题也分好坏

　　决定你在销售中是否更加成功的并不是你提出问题的数量，而是你提出问题的质量。你的提问越妙，潜在客户的回应就越有价值。当你问出平淡无奇的问题时，买家就会变得厌倦，觉得和你交谈是在浪费时间。记住，潜在客户拥有多如牛毛的选择。如果你不能继续提供价值，那他们很快就会另寻高明。而在另一方面，当你提出精辟的问题时，就会产生销售成功的一个核心要素：信任。

　　如果你能提出发人深省的问题，为大家带来有意义的见解，就会让潜在客户以更深的信任回馈于你。这是为什么呢？因为你的问题会促使他们将你视为一名有能力的专业人士，正在帮助他们思考复杂而有挑战性的问题。详细分析了 50 年的研究结果的一项元分析发现，能力是信任的核心部分。其他研究也表明，信任会引导其他人在交谈时更加开放，也更愿意听取你的想法。

　　我们不妨将提问当作为销售成功而进行的投资。你希望提出的问题能产生较高的回报率。然而，怎么做才能问出有效的问题呢？想要解答这个问题，我们要先看一下什么会阻止我们去构筑强有力的问题。接着，我会解释如何轻松创造具有高度影响力的问题。

分类提问法的毛病

　　销售人员要想学习如何提问，首先要了解各种类型的问题。问题的类型

有几种呢？根据行业和销售培训方法论的不同，答案也五花八门。例如，有
一家培训公司认为，问题的主要类型只有 3 种，而其他人认为应该是 4 种。
不过，还有一位销售教练坚称，销售人员在销售中应该采用的问题类型共有
18 种之多。

为了让你对何谓"分类提问法"有一个基本的认识，下面列举销售教练
提到的一些最常见的类型：

- 开放式问题
- 封闭式问题
- 背景问题
- 相关问题
- 障碍问题
- 框架问题
- 研究问题
- 数据问题
- 反射问题
- 麻烦问题
- 含义问题
- 客观问题
- 展开问题
- 内部总结问题
- 解决方案问题
- 需求与回报问题

·后果问题

·试探性问题

为了确保你理解了这些问题的类型都是什么意思，下面会解释其中的5个。

展开问题：请卖家将之前的评论详细展开的问题。

试探性问题：专注于解开潜在客户的麻烦的问题。

麻烦问题：识别买家正面临的麻烦的问题。

含义问题：阐明麻烦后果的问题。

障碍问题：找出是什么阻碍买家解决麻烦的问题。

如果你在区分问题类型时感觉找不到方向，那并不是你的问题。实际上，就连传授这些问题分类法的销售教练也很难将它们区分开来。例如，一家支持将问题分为4种类型的知名销售培训公司承认，他们内部对于两种类型之间的区别也存在争议。然而，就算你弄明白了如何区分问题类型，也还需要克服一个更大的障碍，那就是如何运用它们。

分类提问法的主要障碍就是分辨在提出后续问题时该选用哪种类型。想象一下，你要听取买家的回答，然后分析该用哪种类型的问题来引导他仔细思考或者透露更多的信息，这是一番多么剧烈的脑力运动啊。在真实的销售对话中，这一过程其实是这样的：你提出了一个背景问题，紧跟着抛出一个框架问题；然后又跳到含义问题，随后使出开放式问题；再转回到框架问题，接着提出一个后果问题；而且这一切发生的同时，你还要密切地倾听和思索潜在客户的回答。对于大多数人而言，完全实现上述过程根本是不可能的。

不仅如此，还记得科学告诉我们，大脑无法多任务处理，一次只能思考一件事情吗？这就意味着如果你尝试在销售中使用不同类型的问题，那么你的注意力就会停留在接下来应该提出的问题类型上，而这就毫无疑问地会导致你错过买家正在分享的一些信息。不过，这种提问方法还有一个更加令人担忧的地方。

多类型提问法的问题根源在于，它们以销售人员过去的行为为基础，而不是买家透露信息的方式。在研究提问法时，销售专业人士是通过分析销售人员提出的问题，然后将这些问题分门别类。然而，他们专注的群体是错误的。他们不应该观察销售人员，而应该观察买家，更确切地说，应该观察买家的大脑透露信息的天然方式。

销售提问法越是以大脑透露信息的天然方式为基础，所能带来的好处就越多。

提问的科学

人们是如何相互透露信息的呢？这是犹他大学的教授欧文·阿尔特曼（Irwin Altman）和得克萨斯大学的教授达玛斯·泰勒（Dalmas Taylor）想要解开的谜题。被他们冠以社会渗透理论（social penetration theory）之名的研究发现最早发表于 1973 年。这个理论被公认为对有关人际关系发展的研究做出了重大的贡献。

社会渗透理论描述了人类大脑从基本结构上是以层次的方式透露信息的。阿尔特曼和泰勒用洋葱这一生动形象的比喻来解释这些层次。就像剥开洋葱的一层会露出下一层一样，人们在透露信息时也是按照顺序一层一层地展开的。在进入新的一层时，就会展现出更深一层的信息。

社会科学家已经将社会渗透理论当作关于人类交互的各种科学研究的基础。你也可以从社会渗透理论中获益，因为它对于如何提问也提供了一些有意义的见解：组织高价值问题的最有效的方法就是模仿大脑透露信息的模式。也就是说，组织高价值的问题不能用类型来区分，而是用层次来递进。

提问的三个层次

虽然我大概在 20 年前就听说了社会渗透理论，但是直到苦思冥想地寻找提出精辟问题的方法时，我才意识到它有多么重要：科学证明，大脑是以层次的方式透露信息的。因此，提问也应该反映出这一点。

我利用科学建立了一种提问的体系，它的基础不是分类，而是层次。当我开始与实际的销售人员一起测试这一概念时，得到了三种稳定的结果。

第一，他们能够对买家产生更多的了解。既然他们的问题对应了潜在客户的交流方式，那么获取更深层次的信息就不再需要什么复杂的努力，而成了一气呵成的结果。

第二，因为大脑是按照层次的方式透露信息的，所以模仿这一过程来提出问题简直与本能无异。运用这种提问模式的销售人员就能轻而易举地创造出卓有成效的后续问题。我甚至培训过对设计问题一窍不通的人，发现在很短的时间内，他们所组织的后续问题就已经能与我在经验丰富、颇有成就的销售人员一较高下了。简而言之，我成功将成为提问高手所需的学习周期缩短了几年，有时甚至是几十年的时间。

第三，提问的方法改善了销售的成果，因为它增强了销售人员帮助潜在客户思考和透露信息的能力。而且有大量研究证明，只要这么做，买家会觉得你和你的信息更有说服力。

你可以提出三种不同"层次"或者"等级"的问题。每一个等级都建立在前一级之上，加在一起便可引导你创造出有力的后续问题。不仅如此，和分类提问法固有的复杂性不同，分层提问法是一种直截了当的过程。本章的后续部分将专注于解释每一个等级，并提供如何将它们结合在一起运用的真实案例。

第一级问题

第一级问题是通过陈述想法、事实、行为和情况来开启话题的初始问题。这类问题可以让买家对你谈话的主题有一个基本了解，是在展开与买家的对话时最合适的问题。由于它们能揭开第一层话题，让谈话继续深入，所以对于销售的成功而言也是必不可少的。

这就引出了第一级问题的一个重点：它们是必要的，但不是充分的。它们必须与其他等级的问题组合使用，才能让你找到引导买家改变看法或行为的要点。然而，我发现我遇到的绝大多数销售人员多数时候都在问第一级问题。第一级问题只能引出初步的信息，并不能让他们根据买家的情况量身定制销售过程。而一旦销售的专注点不在买家的身上，其效力就会随之消失。

我猜你很可能已经在销售中运用过许多第一级问题了。不过为了以防万一，下面还是举几个例子：

· 你会在什么时候使用新的软件呢？
· 你目前拥有的市场份额为多少？

· 你为这个项目设定了什么样的需求？

· 你选择供应商的决策流程是什么样的？

· 你给这个项目的预算是多少？

· 你还在考虑哪些其他的供应商？

· 完成这一项目的时间要求是多久？

· 你目前的组装能力如何？

· 当你的组织在考虑此类投资时，在决策过程中会考虑哪些因素？

在提出第一级问题后，你该如何向下一层信息迈进呢？当然是提出第二级问题啦。我发现，第二级问题是顶尖销售人员最爱问的。实际上，它们就是提出强有力的后续问题的关键所在。

第二级问题

第二级问题能引导买家评估并解释对第一级问题的回答。这些问题之所以至关重要，是因为它们能促使潜在客户对当下的事实、行为或环境进行思考。

有趣的是，已经有一系列科学研究分析过这些强大的问题。例如，来自斯坦福大学的研究人员观察第二级问题的效应时（他们称之为展开问题），发现它们能协助参与者理解他人的观点。不仅如此，这些问题还会促使参与者对其他人的想法表现出更强的接受能力，即使这些想法与他们的想法相左。

还有一些研究发现，第二级问题能帮助大脑处理劝诱信息，甚至让你所传达的信息看起来更有影响力。

哈佛大学关于第二级问题的研究很有意思，研究人员利用功能性磁共振成像来识别接收信息对于人类大脑的影响。该研究表明，回答第二级问题会促使参与者表达自己的观点，从而增加大脑中与奖励和愉悦相关的区域中的神经活动。这些舒适的感觉会导致大脑发生变化，自然而然地改善参与者的情感状态。换句话说，潜在客户喜欢回答第二级问题。

回答第二级问题会促使参与者表达自己的观点，从而增加大脑中与奖励和愉悦相关的区域中的神经活动。

在开始运用第二级问题时，你会发现这些问题所产生的影响力会得到大幅度的提高。这一层次的问题也与高度的销售业绩紧密相关，因为它们会引导你去影响买家的行为和观点。

第二级问题是基于大脑透露信息的自然方式而产生的。当提出这些问题时，你不但丝毫不会显得突兀，而且在实践中，只需要很短的时间，你就能游刃有余地提出这些问题了。例如，你只要请客户评估或者解释一下对第一级问题的回答即可。下面是一些第二级问题的样例：

· 董事会为什么会决定朝这个方向走呢？

· 你是否可能考虑投资这样一款不包括该特性的产品呢？

· 我能否请教一下你为什么选择这家供应商吗？

· 通过这种方式聚合数据符合你今后的发展方向吗？

· 这听起来对你来说非常重要。我能问问为什么吗？

· 如果你可以改变提供给终端用户的培训中的一个方面，那么你会选择什么?

　　·根据我们刚才的讨论,这么多公司正在选择我们的顾问是不是很合理呢?

　　·为什么立刻解决这一困扰是重中之重?

　　·你觉得是这个问题导致了你所描述的产能缺失吗?

　　到目前为止,你应该已经对第二级问题有了充分的认识。那么就让我们将它们运用到真实的销售场景中去吧。

1号案例

销售人员(第一级问题):

你有空查看我发给你的数据表了吗?

买家:

看过了,我的团队检查了一遍,应该没有什么问题。

销售人员(第二级问题):

这是个重要的决定。你和你的团队觉得哪个特性是最重要的呢?

买家:

我们对许可管理特性特别感兴趣。

2号案例

销售人员(第一级问题):

你目前的设备效率如何?

买家:

那款设备比较老，效率也不高。实际上，我现在就受命改进它们，所以想听听任何能在这方面带来改变的新设备。

销售人员（第二级问题）：

如果你投资我们刚才讨论的新设备，那么会给效率带来什么样的影响呢？

买家：

按照我们今天的对话，我的估计是它应该能让效率提高 6% 左右。

尽管第二级问题已经能提供很多的信息了，但我们还有渗透得更深的第三级问题。这是所有层级问题中最重要的一种，因为它对应的是买家的情感层面。而如果利用得当，它常常能带来改变整场销售走向的信息。

第三级问题

第三级问题是通过引导潜在客户思索并口头表述自己的主导性购买动机，来挖掘最后一层信息。正如我们在第三章中所解释的那样，主导性购买动机是潜在客户购买产品或服务的情感原因。它们由两项强有力的行为激励因素组成：收益渴望和损失恐惧。

不管是什么类型的销售，买家只有在相信购买产品或服务能够让他们一定程度上满足渴望，或者更远地避开损失时，才会愿意行动。这就是第三级问题强大的原因：它们能让你理解潜在客户在购买你的产品或服务时会得到什么样的益处。知道了这些情况，你就能清楚地告诉他们，你的产品或服务可以如何满足他们的主导性购买动机。

然而，第三级问题所能做到的可不止于此。买家做出回答表明，他对你的信任感正在提高。也就是说，表露情感反应的过程本身就会增强他们的信任感，因为他们觉得你理解他们。这种纽带会让你从竞争对手当中脱颖而出，因为买家愿意从他信任的人那里买东西。

要创造第三级问题，你就需要请潜在客户透露有关他们害怕失去或者渴望获得之物的信息。下面几个例子就属于这种强大的问题：

·如果我们能照之前讨论的那样减少你的成本，那么可以给你公司的盈利能力带来什么积极影响吗？

·如果你刚才描述的问题得不到解决，那么会给你们组织的销售带来什么影响呢？

·这似乎对你个人而言是个非常重要的问题。我能请教一下，如果问题得不到解决，对于你和你团队里的人来说意味着什么呢？

·如果你的终端用户经过了充分的训练，并有效地使用这一平台，那么可以给公司的生产力带来多大的提升呢？

现在，让我们回顾第二级问题的例子，分别给它们加上一个第三级问题：

1号案例

销售人员（第一级问题）：

你有空查看我发给你的数据表了吗？

买家：

看过了，我的团队检查了一遍，应该没有什么问题。

销售人员（第二级问题）：

这是个重要的决定。你和你的团队觉得哪个特性是最重要的呢？

买家：

我们对许可管理特性特别感兴趣。

销售人员（第三级问题）：

我们的很多客户都这么说。我们的许可管理非常全面而深入。如果你们无法有效管理许可的话，会对业务造成什么样的影响呢？

买家：

我们目前的系统在限制信息方面做得不是很好，已经造成了许多问题。实际上，公正地说，几个月前我差点就砸了饭碗，因为有人访问到了敏感数据。所以，你的许可管理特性确实是必不可少的。

2 号案例

销售人员（第一级问题）：

你目前的设备效率如何？

买家：

那款设备比较老，效率也不高。实际上，我现在就受命改进它们，所以想听听任何能在这方面带来改变的新设备。

销售人员（第二级问题）：

如果你投资我们刚才讨论的新设备，那么会给效率带来什么样的影响呢？

买家：

按照我们今天的对话，我的估计是它应该能让效率提高 6% 左右。

销售人员（第三级问题）：

容我问一句，如果效率提高 6% 的话，能给业务带来多少积极影响呢？

买家：

这个嘛……这可不是件小事。它可以提高我们的利润率，帮助我们完成新的发展计划。

不管你是想要鼓励别人接受你的想法，还是卖给他们产品或者服务，用有意义的问题去影响他们是必不可少的。只要采用经科学验证的第一、第二、第三级问题模型，你就有能力提出与大脑透露信息的本能方式相一致的问题。这将让你对潜在客户有全面而贴切的认识，从而让你的销售展示适应他们的需求。能提出有效问题的销售人员必将获得成功，而他们所代表的组织也会如此。

右面的图示说明了三个问题等级的关系，以及它们如何自然而然地引导你创造有影响力的后续问题。

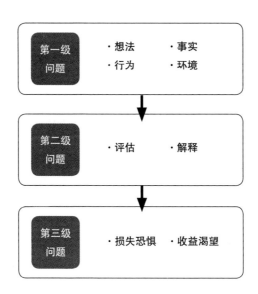

第六章
人们为什么购买

管理顾问玛丽·帕克·福利特（Mary Parker Follett）讲述了两个姐妹争夺一个橘子的故事，现如今这已成为一个传奇般的例子。在一番激烈的争论后，她们决定和解，将橘子一切为二，这样每个人都能得到相等的一部分。姐姐拿走了一半，把它榨成了汁。妹妹将她那半个的皮剥下来，当作了烘焙蛋糕的材料。然而，要是这姐妹俩早知道对方想要的是什么，就都能享受到一整只橘子的好处了。这个故事提醒我们，对于你想要影响的人，理解其想法是多么重要。

要想以有说服力和吸引力的方法进行销售，你首先得理解买家。有一项引人瞩目的研究板上钉钉地证明了这一点。例如，《哈佛商业评论》发表的名为《是什么造就了优秀的销售人员？》（*What Makes a Good Salesman?*）的文章的结论是，佼佼者的基本特征之一就是能够站在客户的角度看待问题。发表在《个人销售和销售管理杂志》（*Journal of Personal Selling and Sales Management*）上的大量研究也证实，深刻了解买家关注什么的销售人员能更有效地建立信任，并取得更多的销售成果。

下面我们来看看原因。发表在《市场营销理论和实践杂志》（*Journal of Marketing Theory and Practice*）上的研究发现，熟悉潜在客户的背景和看

法的销售人员能够更好地定制信息以满足买家的需求，并从而改进销售
成果。

　　这就说到了实现有效的销售行为的根本因素：理解和适应你的潜在客
户。每个买家都是不同的。对于一个人来说有意义的东西对于另一个人可能
就毫无意义。潜在客户已经再也不会容忍千篇一律的销售展示了。如今，他
们并不只在购买产品或服务之后，而是在销售过程的每一个阶段都期望得到
价值。而且这一价值的基础就是认识和应对他们所关注的事物。

　　然而不幸的是，销售人员在这方面可谓步履维艰。研究和咨询公司福雷
斯特（Forrester）开展的一项研究表明，买家认为在他们遇见过的销售人员中，
只有25%的人对于他们的业务和需要协助解决的问题有足够的了解。而更
令人为此感到不安的是，在目前这个竞争激烈的市场上，买家拥有许许多多
的选择。如果一个卖家不能满足他们的期望，那他们就会转身去找别人。
（销售人员遇到这种情况的概率高得吓人。）福雷斯特的报告还说，因为买
家的期望得不到满足，所以有75%的初始销售对话都无法带来第二次会面。
换句话说，买家之所以拒绝接触，是因为在他们的眼里，销售人员对他们的
环境的了解并不足以提供能确保销售过程值得继续下去的价值。

　　是什么导致了认识的缺乏，而你又能如何应对呢？在开始回答这些重要
的问题时，我会分享近几十年来的一个著名的研究实验，它为这种茫然无知
的根源提供了一则线索。

　　行为科学家丹尼尔·西蒙斯（Daniel Simons）和克里斯多夫·查布里斯
（Christopher Chabris）让研究的参与者观看两支篮球队的小视频，其中一
队身穿黑色球衣，另一队身穿白色球衣。他们在一块狭小的空间中将篮球来
回传递给队友。在观看视频之前，研究人员会指示观看者数一数身穿白色球

衣的队伍传了多少次球。而在视频结束后，研究人员记录了每个参与者数到的数量，并询问他们有没有注意到视频中有什么奇怪的地方。半数的观看者表示没有看到。这令研究人员大吃一惊，因为在视频当中，有个身穿大猩猩服装的人走在篮球运动员当中，转过身来正对着摄像机，捶打着胸口，然后又转身离去。在 40% 的视频时间里，都能看到他的身影，然而却有半数的参与者表示从来没有看到过他。

在不同的国家，已经有不同的研究者对于各种各样的受众多次重复了这一实验，而结果一直是相同的。大约 50% 的人都看不到那个身穿大猩猩服装的人。这是为什么呢？原因就在于一种被称为"非注意盲视"（inattentional blindness）的心理学现象，即当一个人非常专注于一件事情时，就不会注意到同时发生的其他事情，无论那件事情有多么明显或者重要。

非注意盲视不仅发生在心理学实验之中，还发生在销售行业的每一天。销售人员经常会忽略对买家来说意义重大的关键信息。这并不是因为他们不关心买家，或者不想要理解买家的想法缘由。问题在于许多销售代表并不确定自己该专注于哪些方面。于是，就像西蒙斯和查布里斯的大猩猩实验一样，他们会错过对买家而言最为重要的显而易见的事物。

有效倾听的关键

倾听有助于提高销售业绩，相信没有哪个销售人员会对此感到意外。实际上，大量的研究已经证明，有效的倾听能提高销售的成功率。然而，当学习倾听技巧时，销售人员太多时候只是听了些动员讲座，并没有学到实质的东西。这种倾听技巧大多是无法奏效的，因为它的前提假设是有缺陷的——

它认为销售人员已经知道该如何倾听，只需要提醒他们拿出行动就够了。

有效倾听的关键并不在于多听，而在于知道你应该听些什么。

销售人员之所以欠缺倾听的技巧，不仅是因为没有被敦促更多地去听，而且还因为他们不知道听些什么。在销售的环境中，对买家有个广泛的了解是不够的。信息的数量远远不及其质量那么重要。我认识一个销售人员，他可以说是这方面的最明显的例子了。我们叫他马克好了。他迫切地想要为买家服务，愿意尽其所能地了解他们，甚至深挖到了他们的私人生活领域。但是当我问他给销售的成功带来影响的关键信息是什么时，他却沉默了。尽管他对潜在客户了解得很多，但却没有意识到决定销售的因素是什么，不知道是什么导致他的销售陷入困境。

与此相反，一旦销售人员获得了销售进展所必需的基本知识，就能开始密切地倾听买家的说法，对这一信息进行更充分的了解。这一信息是什么呢？这一信息就是我所谓的基本购买激励因素。

买家为什么选择从你这里购买

"为什么买家选择购买你的产品或服务？"

当我向销售人员提出这一问题时，他们通常就会开始罗列自家产品或服务的特点或者好处，这在他们看来是最重要的。常见的情况是，他们最后告诉我的是买家为什么要购买他们的产品或服务。然而，当销售人员将自己的观点强加在买家身上，来推测是什么让买家产生获取产品或服务的动机时，其实是在给买家帮倒忙，因为他们的假设往往是不准确的。（如果销售人员给你介绍某款产品或服务时，一味地说那些你毫不在乎的特点或好处，那么你肯定对此深有体会。）虽然其中可能有些相似之处，但购买决策背后的原因对于不同的买家而言都是不同的。因此，在潜在客户透露相关信息之前，任何关于其购买产品或服务的原因的猜测都是危险而不成熟的，可能对销售有害。

真正理解潜在客户的看法并不是说要把自己摆在他们的位置上思考。相反，关键是要努力辨认他们的主要购买动机，因为买家的主要购买动机才是让买家渴望并能够购买你的产品或服务所必须满足的基本条件。潜在客户就是因为这一点才会选择从你这里购买的。

不仅如此，辨认主要购买动机的过程会引导你确认潜在客户的资格。例如，如果你发现自己的产品或服务并不是为了解决特定买家的独特问题（他们的基本购买激励因素之一）而设计的，那么她怎么会买呢？在这种情况下，不只是他不会买，就连你也不会想要他买，因为这样并不会带来一个满意的客户。这就是为什么要建议你在销售过程中尽早地发现这些购买条件，从而保证你将时间投资在真正有可能成为你的客户的人身上。

每一个买家都有三个主要购买动机。我只会简要地重述一下前两点，因为在第三章中已经讨论过它们了，而尚未谈及的第三点则会讨论得详细一些。在下一章中，我还会告诉你如何利用每一点来改善交互、建立价值，并增加成交量。

1号基本购买激励因素：买家的问题

虽然销售行业的许多事物已经发生了变化，但有一件事亘古如———买家选择购买产品或服务的首要理由是因为他们相信可以借此解决有意义的问题。在你能用有吸引力的方式展示产品或服务之前，必须首先解开潜在客户为之苦恼的问题。只有这样，你才能在他们的问题和你的产品或服务之间创造显而易见的联系。

实现这一点需要经历的过程由三个简单直接的步骤组成：

1. 通过提供见解和提出引导式的第一级问题来引导潜在客户透露线索，找出问题所在。

2. 提出第二级问题，让你和潜在客户都能理解这些问题的形成原因和影响范围。

3. 采用第二级和第三级问题来帮助买家意识到，如果任由这些问题继续，而不使用你的产品或服务来加以解决，会造成什么样的伤害和后果。

你该如何与买家展开有关他们问题的对话呢？如果他们意识到了自己的问题，那么你可以提出诸如，"你觉得在分销过程中有哪些可以改进的地方呢？"或者"你目前是如何创造新的业务机会的？"之类的第一级问题。然而，这种方法只有当潜在客户知道自己有问题时才有效。许多人其实并不知道自己有问题。在这些情况下，你必须分享其他类似客户通过购买你的产品或服务解决了某些问题的例子，来激起他们的兴趣。接着，在介绍了这些问题后，可以提出一些问题来看看潜在客户是否面临着相同的障碍或者相关的问题。下面这些例子会告诉你该如何展开这样的对话：

· 销售人员：许多客户选择我们，是因为两个具体的问题：糟糕的雇员和为了给空缺职位找到合适人选所耗费的过多的时间和资源。在这两个问题之中，哪一个对于你的组织来说更严重呢？

· 销售人员：让许多像你这样的销售领袖感到警惕的是，研究表明有

63%的销售人员的日常行为都在拉低业绩和妨碍购买决策。你们的组织采取了什么手段来确保销售人员的行为能服务于潜在客户，并提高他们赢得销售的能力呢？

·销售人员：调查显示，有15%到35%的员工把时间耗费在搜索信息上。这并不是因为公司没有员工所需的信息，而是因为员工不知道去哪里寻找它们。你的组织是如何处理这一问题的呢？

下面这个小练习可以帮助你发现买家问题。

让我们来创造一个让你在自己的销售环境中能够借以帮助买家更清楚地认识到自身的问题。首先，想出一个能与潜在客户分享的见解，并引出一段关于他们可能遇到的问题的对话。接着想一个过渡的问题，例如，"你是如何处理这个问题的呢？"或者"你在这一领域的市场渗透程度如何？"从而将这一见解应用到买家的情况中去。

2号基本购买激励因素：主导性购买动机

潜在客户为什么关心购买决策？这个问题的答案就隐藏在买家的主导性购买动机中，正如我在第三章中解释的那样，这是他们购买产品或服务的情感原因。主导性购买动机由两项行为触发因素组成：收益渴望和损失恐惧。

主导性购买动机的主要用途是什么呢？它们是买家决定购买的优先程度的根据，也是他们知道为什么比起购买别的东西，投资你的产品或服务是个更好的选择的原因。一旦你发现了买家的主导性购买动机，就可以紧接着告诉他们，购买你的产品或服务能够如何满足这些原因。这之所以对于销售的成功至关重要，是因为如果潜在客户无法在你的产品或服务和他们的主导性购买动机之间看到明确的联系，那么潜在客户就会丧失兴趣。

那么，该如何寻找主导性购买动机呢？那就得提出第三级问题。这些在第五章中描述并论证过的问题会帮助买家思索并透露他们渴望获得什么，又害怕失去什么。下面举几个此类问题的例子：

·如果这个问题得到解决，而且你这个部门的生产力水平像我们之前讨论的那样提高了，那么这会给你和你的团队带来什么样的积极影响呢？

·如果你决定选择我们，那么优势在于哪些方面呢？

·如果没能纠正这个问题，让情况继续恶化，那么你们的市场份额会降低多少呢？

·如果不想办法纠正这个问题，而且公司蒙受了你刚才提到的损失，那么这对于你和其他员工而言意味着什么呢？

3号基本购买激励因素：购买需求

你应该在销售过程中早早地准确定位的最后一个基本购买激励因素就是对方的购买需求（buying requirements）。它们不仅是对购买决策有重要影响的具体因素，而且还会告诉你应该如何定位自身和传达信息。这一购买激励因素能揭示购买决策牵涉到的人员、制定的方法，以及用以评判你的公司、产品或服务的具体标准。

那么，该如何找到潜在客户的购买需求呢？你得从下文中了解这一强大的购买激励因素的两个组成部分：

◇ 1号组成部分：识别决策过程

研究人员汤姆·阿特金森（Tom Atkinson）和罗恩·考普罗斯基（Ron Koprowski）开展了一项调查，询问一些在北美洲最大的几家公司里负责采购的员工，销售人员犯下的最大的错误是什么。他们对销售人员最大的不满是，他们不遵守买家的公司所制定的规范的购买流程。这些买家所指的是许多组织都有的、在认可购买决策之前必须遵守的正式的、预先设置的流程。如果销售人员不依据此法，就经常会把赢得销售的机会搞砸。（这与之前章节中讨论过的买家在做出购买决策时经历的心理过程不同。）下面我就来解释一下。

许多年前，我的销售对象是一家拥有预先设定的三步式流程的公司，该公司的每一个人在确定大额交易时都要严格遵守这一制度。第一，他们要保证至少有 5 家潜在供应商给出不同的竞标。第二，组织中的一部分人会把这份名单缩小到 3 家。最后，剩下的供应商都会受邀与委员会面谈，展示他们的服务将如何满足组织的需要。只有在完成以上这些阶段的情况下，才能做出购买决策。

了解一家组织所遵循的购买流程为什么可以帮你赢得更多的销售呢？因为它所提供的见解能让你更好地定位自身，提高成为中标者的概率。为此，你首先要弄清楚的一件事情就是参与采购决策的人是谁。为了让你能找到这些人，我会告诉你需要找到哪两种类型的人，然后教你如何实施精确打击，让他们做出购买的选择。

你需要找到的第一类参与采购决策的人是决策制定者。在销售过程中尽早地确定谁是决策制定者向来都是最好的方法。哪种人是决策制定者呢？决策制定者就是能够做出购买决定的人。如今，大部分销售都涉及好几个决策制定者，在销售拍板之前他们的购买决定都是必不可少的。

你该如何识别决策制定者呢？很简单，你只要提出例如"参与这一决定的人是谁？"或者"你组织中还有谁参与到这一决策过程中？"这样的问题即可。

如果可能的话，那你应该想方设法与所有的决策制定者都见面聊聊，从而引导他们完成购买过程。不过，在一些销售环境下，要与每个决策制定者都见上面是不可能的。如果是这种情况，那么就得找到一个内部的支持者，即该组织里面能代表你与决策制定者沟通的人，并询问他决策制定者对于基本购买激励因素和6个为什么的看法。这些问题的例子有"你能简单罗列一下委员会里的每个人对这件事的看法吗？"或者"执行团队的人对于现在就要推行这一计划的必要性有什么想法？"当你认清了决策制定者对于销售中的关键部分的看法，就能更好地为内部的支持者提供说服他们所需的具体信息。

你需要找到的第二类参与决策的人是影响者。他们是在公司内部对是否购买有所影响的人。他们虽然并不直接进行购买决策，但会提供左右决策制定者的观点或者反馈。

你该如何识别影响者呢？很简单，你只要提出诸如"还有谁能对这一决策起到帮助？"或者"你的组织里还有谁能为供应商选择提供想法？"之类的问题即可。

一旦找到了影响者，你就要让他们参与到销售中来，解决他们的顾虑，并引导他们完成购买过程。经验不足的销售人员常常会错误地忽视影响者，只关注于决策制定者。然而，在我参与过的许多次销售中，都是影响者决定选择哪家供应商的。这就是你绝不应该低估或者忽视他们的原因。

如何赢得支持呢？一旦找到了参与决策的人，你就需要了解决策的制定方法。有没有什么正规的流程、一系列的会议或者别的完全不同的方法呢？如果组织要遵守某种预先设置的流程，那你就可以谋划一下如何利用它。例如，如果购买决策会在月底的执行委员会上确定，那么你可以问问能否到场为他们展示或者打电话进来回答他们的问题。就算安排不了，你也可以请求他们给你特别优待，与决策制定者或者影响者见个面，因为研究表明，买家对此的宽容程度要比你想象得高。

这是行为科学家弗朗西斯·弗林（Francis Flynn）和瓦内萨·雷克（Vanessa Lake）在开展了一系列针对期望投诉率的实验时发现的。他们确认，参与者都大幅地低估了其他人接受他们请求的可能性（在某些情况下参与者低估其他人接受他们请求的概率甚至高达50%）。所以，不要害怕请求与决策制定者见面，或者询问是否可以做一场特殊的展示。

发现组织制定购买决策的方式通常并不是一件难事，只要你问，买家都会自由地与你分享。下面列举一些方法：

· 像这样的决定在你们公司是怎么做的呢？
· 在收集了所有的信息后，下一步是什么呢？
· 你的组织在评估潜在供应商时要经历哪些步骤？
· 你能否大致梳理一下做出这一决策需要经历的流程呢？

◇ 2 号组成部分：建立决策标准

买家如何知道你的产品或服务是否适合他们呢？他们会按照什么样的标准判断你是否优于竞争对手呢？有的时候，潜在客户早就认真思考过这些问题，并建立了一套标准来评估潜在供应商。还有的时候，他们是在等待一个促使他们作出决定，敲定合作的时刻。不管怎样，你总是需要确认他们如何评估你的公司、产品或服务，而且如果可能的话，你可以为他们增添一些想法，塑造对你有利的标准。下面就来看看怎么做到这一点。

许多买家并不确定他们想要的潜在解决方案是什么样的，而且就算是那些对于应该怎么做有些想法的人也依然指望着你指条明路。对于你来说，这是一个呈现有用的想法的绝妙机会。你可以用例如，“我们有许多和你一样的客户都发现……”或者“你有没有想过……”这样的话来提出这些想法。接着，如果潜在客户喜欢你的想法，那么你就可以说，“这是你在潜在解决方案中想看到的吗？”或者“我会记下这一点，稍候就让你了解一下我们的产品在这方面的功能。你觉得如何？”一旦你帮助他们建立了用于制定购买决策的标准，就可以准确地定位自己的产品或服务，清楚无误地证明它能够满足这些条件。

例如，我有个客户每次销售都是这么做的。在销售过程的初期，他们首先对买家的情况有所了解，然后就提出一些大部分买家都考虑不到的有价值的、引人思考的想法。这可以证明他们的专业水平，并帮助潜在客户更充分地了解需要从潜在解决方案中得到什么。接着，我的客户会引导潜在客户制定并确立他们的标准。因为这种策略会给买家带来信心，所以深得他们的心！这也给我的客户带来了超越竞争对手的巨大优势，因为他们得到了情报，可以以强势的姿态展示自己的公司和产品如何超越潜在客户的标准，这就给了他们获得战略性许诺的能力，而这对于赢得销售是不可或缺的。

这一决策标准是什么呢？我发现其中包括了三个基本组成部分。我们分别来看一下：

1. 决定产品或服务的参数：你的产品或服务必须满足哪些具体的参数，才能成为买家的可行性选项呢？帮助买家回答这一问题的第一步就是找出他们想要解决什么问题，以及他们的主导性购买动机是什么。第二步，你可以专注于如何最充分地满足决策标准中的这两个方面。

在寻求他们对于这些具体参数的反馈时，你可以问些这样的问题，"在评估（说出具体的产品或服务）时，你们如何知道某个选项是否合适呢？"或者"对于我们已经讨论过的任何一种解决这些问题的产品，你具体想要它能做到的是什么呢？"当买家开始透露想法时，你可以接着提供一些见解，并询问他们是否想要将这些融入标准之中。这可以让你引导标准的制定方向，并使标准足够全面，真正满足他们的需求。

2. 确定时间框架。我所谓的时间框架指的是规定买家需要一样产品或服务得到部分或者完整部署的时间基准。许多潜在客户都有严格的时间要求，这是由问题和缘起事件的严重性所决定的。人们很容易忽视它们，等到了销售的后期阶段才想到要问，而此时要想做出改变来迎合（如果与你的时间表冲突的话）早就为时已晚了。如果你无法满足买家的时间限制，那么他们就不会从你这里购买了。而且，如果你到了销售后期才发现这个问题，那么就已经浪费了双方的时间。

在销售过程的早期就要提出问题来确定买家的时间框架，例如，"有没有哪个需要完成部署的时间点？"或者"你计划这个项目什么时候完成？"

3.直面金钱。在这个社会里，公开谈论金钱在别人看来常常像是件不光彩的事。因此，许多销售人员都不愿意讨论它。然而，在销售早期提及金钱是非常重要的，因为买家的经济状况会严重影响其认可销售的能力。确定潜在客户是否有能力购买产品或服务也能节约你自己的时间和精力。不仅如此，了解客户的经济能力也能帮助你量身定做适合双方的解决方案。

在应对经济问题时，要尝试专注于影响销售发展轨迹的两个关键领域：买家的预算和他们如何获取资金。

首先，你要想方设法地了解潜在客户在经济上是否有能力购买你的产品或服务。其中就需要了解以下的基本信息：

· 这个项目有没有预算？有的话，是多少？

· 预算的消费方式有没有任何限制或者约束？

· 买家是否需要其他人批准才能动用这笔资金？如果有，那么需要谁的许可，获取许可的流程又是如何？

· 是否有任何影响资金可用情况的时间参数，例如财年或者具体的拨款？

其次，如果买家没有设定预算的话，就要了解他们如何获取资金。下面是需要关注的几点：

· 如果买家没有设定购买产品或服务的预算，那么他们会如何获取资金呢？

· 这笔资金是申请了就能拿到，还是要经过第三方的审核才能批准？

· 买家是否必须经历某种流程才能获得这笔资金？如果是，那么这一流程是什么样的，涉及哪些人？

你在了解这些问题的答案后，就能为买家提供获得资金所需的协助和资源，从而购买你的产品或服务。

确认决策标准

在找到了决策标准，即产品或服务的参数、时间框架和金钱之后，你就应该寻求认可了。这将确保你能准确地了解买家，并且证明你在倾听他们的想法。销售人员误解或者曲解关键信息的情况可不少见，这会导致他们做出错误的决定，无法满足潜在客户的渴望和需求。确认决策标准将避免你落入这一陷阱。

你可以通过信息确认陈述（information confirmation statement）来验证买家的决策标准，这是充实买家分享给你的基本见解的一类声明。

大量研究已经证明，这些强有力的陈述能增强信任感和亲密感。例如，由行为科学家瑞克·范·巴伦（Rick van Baaren）领导的一些心理学实验就证明了信息确认陈述的力量。该研究分析了将顾客点的单向他们重复一遍对获得的小费所产生的影响。当服务员口头确认客人点的东西时，小费提高了68%。这是为什么呢？回忆一下自己上次在饭店里点单的情形就知道了。也许是一份不加奶酪的火腿三明治，也许是三分熟的牛排。不管点了什么，你有没有想过服务员有没有听错呢？想象一下，在这项研究中，当服务员复述一遍订单，并确认他们听到的准确无误时，食客们会作何反应呢？这提高了他们对服务员能力的认知，也会更加享受用餐的体验，而这就是消费发生如此大幅增长的原因。

　　你该如何使用信息确认陈述呢？在买家提出了决策标准时，你可以说，"根据我的理解，你说你希望你眼中可能的解决方案应该要……"然后向他们复述一遍之前认为重要的核心标准。我们先暂停一下，快速观察一下我刚才分享的这句话。你发现什么奇怪的地方了吗？在这句短短的陈述中，出现了三个"你"字。之所以故意强调这个字，是为了引导买家在心理上成为标准的所有者。如果他们认为标准是属于自己的，那么就更容易在销售过程中恪守它。

　　在说出信息确认陈述后，你需要获得对方的认可。这将进一步帮助潜在客户在心理上成为标准的主人。你需要做的只是问一句："这么说对吗？"买家就会回答"对"或者"不对"。如果他们说不对，那么就要准确地找出误解之处，并加以纠正。如果他们说对，那么你就知道自己对买家的决策标准有了准确的了解，可以展开下一步行动了。

　　我已经多次见识到，当销售人员发现、确认潜在客户的决策标准，并赢得认可时，销售的周期和效力会得到多大的缩短和提高。这项关键活动虽然容易被人忽视，但如果做好了，就能让销售人员走上成功的道路。

我们已经在本章中打下了不少基础。不过在继续前进之前，先来看看每个基本购买激励因素的图例总结吧：

基本购买激励因素

买家的问题	识别	原因
	范围	痛苦
	不作为的后果	
主导性购买动机	收益渴望	损失恐惧
购买需求	决策过程	决策标准
	决策制定者	产品或服务的参数
	影响者	时间框架
	决策制定的方式	金钱（预算与资金）

既然你已经充分了解了三项基本购买激励因素，那么我们就来看看如何在销售中运用它们。在下一章中，我会教你如何将这些购买激励因素与一些有效的科学原理结合起来，创造高度的价值、塑造买家的观念，甚至压制最大的竞争对手。

第七章
创造价值、压制对手，并克服异议

　　别人口中对某人或某物的评论是否会影响你对其的看法和反应？行为科学家迈伦·罗斯巴特（Myron Rothbart）和帕梅拉·比勒尔（Pamela Birrell）开展了一场令人叫绝的实验，对这一问题给出了值得信服的答案。研究人员让俄勒冈大学的学生观察类似下面这样的男性照片。

　　虽然所有的学生看的都是同一张照片，但对于这个男子的看法却大相径庭。这是为什么呢？问题就出在了别人告诉他们的信息上。有的学生被告知，这男人是个纳粹战犯，领导了在集中营受害者身上进行的最可怕最凶恶的实验。在得知这一情况后，学生需要评价此人的面部特征。这些学生说从他的照片中能感受到灵魂的堕落。他们评价说此人的眼神冰冷，面部表情严肃。

　　其余学生则得知此人是个英雄，参与了一场地下运动，让数以千计的犹太人逃离纳粹魔掌，在几

乎必死无疑的情况下得到了生机。这些学生仔细看着照片，觉得他是个好人。他们评论说此人的眼神温柔，面部表情和蔼。

该研究及许多其他类似研究已经证明，事物的呈现方式会影响人们对其的反应。更有意思的是，科学家已经找出了影响大脑感知某人或某物方式的具体因素。这一激动人心的科学新知可以被应用到生活中的每一个领域，其中就包括销售。

在这一章节中，我会告诉你如何利用这门影响力的科学来增强创造价值、展示产品或服务、压制竞争对手，以及克服异议的能力。我所分享的每一种基于科学的销售策略都能进一步帮助你引导潜在客户完成购买过程，并赢得更多的交易。

价值创造的科学

买家为什么要回你的电话、回答你的问题或者花时间与你发展关系呢？想象一下，如果你能够窥探买家的想法，对他们评估关系价值的方法有一个深刻的认识，那该有多好呀。要想获得这些认识，你先要了解社会交换理论（social exchange theory）。

社会交换理论由社会科学家约翰·蒂鲍特（John Thibaut）和哈罗德·凯利（Harold Kelley）在1959年提出的。自那以后，关系模型就被行为科学家们研究透了，还得到了大量实证研究的支持。社会交换理论分析了人类交互中的社会经济学。它证明："将价值最大化，将成本最小化"是人类关系中根深蒂固的一种渴望。当成本开始超过价值时，关系就该被切断或者维持在最低限度。在买卖双方之间的关系中，这一点是表现得最为显著的。

社会交换理论提供了科学的框架。你可以用社会交换理论来评判自己的销售行为，确保为潜在客户提供了推进关系发展所需的足够多的价值。它也揭示了为什么有的买家会不接销售人员的电话、不回语音邮件、取消销售会议和选择中止销售进程。当采取这些行动时，潜在客户就会觉得交互的成本超过了收益。

从社会交换理论中可以明显看到的一点是，你必须向潜在客户有力地证明与你交互的必要性。如果你谈论的都是他们觉得不重要的事情，那么他们从交互中获得的价值就会降低，销售的成功率也随之降低。认识到这一点，你自然就会明白什么才是真实价值创造的过程。下面我来解释一下。

价值始终是由买家定义的。这就是为什么价值创造并不是你一个人的事，而是与买家共同完成的。

只有当某件事物明确针对潜在客户的关注点时，才会被他们视为有价值的东西。只要你能有说服力地表明自己可以通过某种有意义的方式帮到潜在客户，潜在客户就会与你交流。

举个例子，我在几年前有个客户，因为买家总是取消与其公司的销售人员约定好的会面而头疼不已。失去潜在客户导致该组织的客户获取成本飞速提高。该公司的首席执行官找到了我，并向我寻求帮助。在了解了情况后，我告诉他，这么高的取消率就说明潜在客户认为遵守约定并没有足够高的价值。我接着解释了该如何迅速解决这个问题。我的诊断如此简单，令他感到很意外，也令他手下的销售领导困惑不解。于是，他就问我："你确定吗？"我胸有成竹地回答说："我百分之一百确定。"后来，他就让我教他的销售团队如何降低销售预约取消率。在我的培训结束以后，该公司的销售预约取消率马上就降低了 60% 以上。（在下一页中，我会告诉你我是如何利用社会交换理论为客户带来这样的结果的。）

我之所以能找到取消发生的原因和降低的方法，是因为我并没有依赖于自己的观点或原有的经验，而是借助于社会交换理论。这一科学模型是客观真理，如果运用得当，就能产生这种积极的效果。

我们在上一章中已经看到，买家看重的是他们的基本购买激励因素。一旦你找到了它们，就能通过证明你的公司、产品或服务可以如何满足这些因素，来赢得他们的信任。下面的销售战术将引导你将你能提供的价值和未来客户重视的因素点对点地连接起来。

如何证明价值

在 1937 年，传奇的销售教练埃尔默·惠勒（Elmer Wheeler）写了一本名为《久经考验的销售金句》（*Tested Sentences That Sell*）的书。他在书中分享了 5 大核心原理，承诺能帮助销售人员变得更加成功。其中最著名的一句是："不要推销牛排——要推销牛排的滋滋声！"实际上，这句话已经在销售文化中根深蒂固了——几乎每一个人都知道这是惠勒说的。他借助这句话提醒销售人员，不仅要强调产品或服务的特性，还要突出这些特性所提供的实际好处。

虽然绝大部分销售人员都认同惠勒的想法，但许多人都很难真正做到。这是为什么呢？销售人员得到的传统培训是，通过特性加好处的陈述句来描述产品或服务的价值。这些声明是将产品或服务的特性与其应有的好处联系在一起。像这样的例子可以是，"我们的软件具备深度报告功能（特性）；给你带来的优势就是报告将非常全面（好处）。"然而，在如今这个复杂的市场环境下，事实证明特性加好处的陈述的效果已经非常差了！

特性加好处的陈述的根本缺陷在于，它认为某种特性给每个买家带来的好处是相同的。可是，每个潜在客户都是通过不同的方式从产品或服务中获得好处的。因此，这种"均码"的断言会对销售的成功产生巨大的破坏：他们对所有的潜在客户一视同仁，忽略了他们独一无二的看法和处境。

我们要搞清楚：买家个人并不关心你的公司、产品或服务有什么特性或好处。他们关心的是自己的具体需求和你如何满足它们。这并不是什么文字游戏，而是一个重要的区别点，表明了你该如何改进自己的销售展示方式。平淡而缺乏说服力的特性加好处的陈述应该被替换成以买家为中心的介绍公司、产品或服务的方法。

我在许多年前开展了一些该领域的实验，并从中设计了一种销售战术，来引导销售人员以迎合大脑感知价值的方式来传达关于公司、产品或服务的信息。这也是刚才在本章中提到的，我帮助客户将预约取消率降低了60% 以上的方法！这种销售战术被称为基本购买激励因素的陈述（Primary Buying Motivator Statement）。它表明了你的公司、产品或服务的一个或多个方面能够满足买家的至少一个基本购买激励因素。这种陈述就像是一座桥梁，让你能明确地将潜在客户的关注点和产品或服务提供给他们的价值联系起来。

你可以根据下面三个简单直接的步骤来设计并执行基本购买激励因素陈述：

1. 确认你的公司、产品或服务能如何满足买家的基本购买激励因素。

在精确定位潜在客户的基本购买激励因素，即他们的问题、主导性购买动机和购买需求时，你应该记下在销售中该如何表明你的产品、服务或公司能够满足它们。

2. 提醒买家他们的基本购买激励因素。在描述买家的基本购买激励因素时，我建议你使用他们的原话。复述他们的词句可以增强陈述的说服力。这也能吸引他们的注意力，因为当你在引用他们的说法时，他们就会热切地倾听每一个字。

3. 将公司、产品或服务所提供的价值与买家的基本购买激励因素联系起来。当你在清晰而简洁地分享你能如何满足潜在客户的购买激励因素时，他们就会在循循善诱中了解从购买中将获得什么样的价值。

下面是两个成功的基本购买激励因素陈述的例子：

1号例子："苏总、强哥，刚才你们都提到，任何系统如果想为你们团队提供解决方案，就必须具备深度报告的功能。强哥，你当时说这是'最高优先级的事情'。苏总，你也同意强哥的意见，说详细的报告功能是'绝对必要'的。我刚才已经说明过，我们的报告功能非常全面，能让你轻而易举地生成所需的深度、详细的报告，令业务高效运行。"

2号例子："马总，几分钟前你提到，有一个基本关注点是要确保任何薪资服务都能准确地记录所有数据，如果出了问题一定要能得到支持。我刚才也说明过，有了这套包含了多项检查点的独特流程，我们保证一切都能得到准确的记录，而且万一国税局（IRS）那里有什么疑问，我们将会为你提供专业协助。"

通过互惠提高买家的接受程度

互惠是对人类行为的一种影响力极高的行为激励因素，应该被每一个销售人员予以利用。实际上，数十年来的研究证明，互惠可以大幅提高劝诱请求的接受率。社会学家已经证实，在几乎所有的文化之中，互惠都会对人类行为产生影响。还有证据表明，互惠会影响买家对销售人员的反应。

例如，行为科学家丹尼斯·里根（Dennis Regan）开展了一项最知名的关于互惠的科学实验。他发现，如果先赠送人们一瓶可口可乐，过几分钟再请他们购买彩票，那么，得到礼品的人购买彩票数量要比没得到礼品的人高出一倍。

里根的实验更有意思的地方在于，在研究的最后，他询问参与者对赠送可乐的那人印象如何。令人跌破眼镜的是，一旦触发了互惠效应，就连那些不喜欢卖家的参与者也对卖家产生了好感，和喜欢卖家的人一样买了许多彩票。换句话说，互惠是一种比喜爱更强大的行为激励因素。

非营利性组织就在利用互惠来增加捐款。例如，美国残疾退伍军人（Disabled American Veterans）组织报告称，当他们发出征集捐款的邮件时，回复率为18%。然而，如果邮件中附上一份礼物，比如地址卷标，那么回复率就几乎倍增到了35%。

餐馆的服务员也能利用互惠来提高自己的小费。发表在《应用社会心理学杂志》（*Journal of Applied Social Psychology*）上的研究表明，当服务员赠送给客人一粒糖果时，小费能平均上升3.3%。该研究还显示，如果服务员送给每个客人两粒糖果，那么小费就能一下子提高14.1%。

互惠会让接受方觉得对给予方有所亏欠，因而会本能地想要为给予方做些什么来弥补这一切。在销售中，你可以这样利用这一点。例如：在开拓新的业务时，无论你采用什么渠道（电话、社交媒体、社交活动或者推荐）来寻找潜在客户，都必须呈现出足够的价值，让他们想要与你建立起专业的关系。而在此时，互惠就能带来天翻地覆的变化。

要在联系潜在客户时运用互惠效应，你就需要记下一些通过有意义的方式为他们提供价值，并且与你销售的东西相匹配的见解。打个比方，如果你在销售一种帮助公司做出更好的用人决策的服务，那么就可以向潜在客户提供一份报告，展示三种事实证明可以减少错雇的用人策略。通过这种方式，你可以直接向买家证明你的服务所能带来的价值。记录这些想法的成本几乎为零，而回报却相当丰厚。

不仅如此，为了确保买家了解到你所呈现出的信息的价值，你还要指出你所提供的东西有多少经济上的好处。这之所以十分重要，是因为研究证明，如果某件事物仅仅被视为"免费礼物"的话，那在接受方的眼里，其价值就会降低。

在刚开始与买家交流时，你该如何将互惠融入价值陈述中去呢？为了解答这一问题，我会分别举一个销售人员经常使用的普通的价值陈述的例子，和一个带有互惠元素的例子：

传统的价值陈述："我们已经帮助许多像你们一样的公司，减少了让新员工跟上节奏所需的时间。我今天打电话来，是因为想要更多地了解你们的业务，确定我们能否帮到你们。你是否愿意了解一下降低用人成本的机会呢？"（这种陈述听起来千篇一律，要求买家投资宝贵的时间，又不保证能找到价值。）

带有互惠元素的价值陈述："我们已经帮助许多像你们一样的公司，减少了让新员工跟上节奏所需的时间。我今天打电话来，想要分享我们公司得出的一项研究报告。这项研究报告展示了三种用人策略。事实证明，报告中的三种用人策略能减少雇错成本。虽然我们正常都是以 459 美元的价格来出售这份报告的，但是我想要把它免费送给你，因为与其口说无凭地告诉你我们提供的策略有助于改进用人流程，倒不如让你自己看看来判断。"（一旦买家接受了这份报告，就会更愿意回答你的问题，因为在提供某种有价值的东西时，你就触发了互惠效应。）

在这两种价值陈述中，你觉得哪一种得到的正向反馈更多呢？如果你选择了带有互惠元素的，那就对了。此外，在刚与买家接触时就运用互惠效应，常常会带来令人震惊的效果。销售人员发现，利用这种科学原理会让潜在客户更愿意与他们展开对话。

简而言之，互惠的重要性不容忽视。它能吸引买家的注意、左右他们的看法，并创造心理学上的债务来增强客户的忠诚度。只要你能在销售中正确利用互惠，就能受益于它所产生的结果。

用标签法来快速提高影响力

购买的过程需要大脑解译大量的信息，并做出无数的选择。有的时候，买家会陷入心理上的困境，需要你帮一把才能做出决定。标签法是促使潜在客户采取对销售人员有利的行为的方法之一。也就是说，先给一个人或者一种情况设定一套行为标准，然后要求他们按照与之相符的方式行动。

许多研究都证明，标签法能提高人们遵从劝诱请求的概率。有一项研究分析了标签法对人们投票行为的影响。研究人员随机抽取了一些参与者，说他们是极有可能在下一场竞选中投票的优良市民。剩下的参与者则被告知在未来的竞选中投票的概率很低。当事后分析这些参与者在之后的选举中投票的情况时，科学家们发现那些被贴上"优良"标签的人的投票率比其他参与者高很多。

另一项研究发现，如果告诉孩童，他们看起来像是那种明白写一手好字有多么重要的人，那么在几天后，相比没有被贴上标签的孩子，他们更容易主动地改进自己的书法。（顺便忠告一句，要特别留意你给孩子贴上的标签。有大量的研究表明，无论你给孩子贴上的标签是好是坏，它们都会影响孩子的学业表现、行为与自尊。）

下面两种标签可以用于迅速提高买家的顺从率，并让你更有效地引导他们完成购买过程：

1. 期望标签

在不同的产品或服务中进行决策时，大脑很容易不知所措。这对于销售而言是很危险的，因为陷入混乱的大脑很难做出有信心的选择。就在这个时候，当买家在心理上裹足不前时，你就可以利用期望标签来帮助他们做好决策的准备。

期望标签是很容易构造的，因为它与具体的活动相关。一旦你给对方贴上了期望标签，对方就会明白自己的选择是什么。

下面是期望标签的一个例子："许多和你在相同处境中的人都不知道在这两款产品中如何抉择，不过有一个办法屡试不爽，那就是将它们放在一起进行横向对比。只要你把两个产品的特性列表紧挨着做个对比，就能知道哪个才是最适合自己的了。"

这种标签之所以有这么大的影响力，是因为它首先告诉潜在客户，他们的犹豫不决在处于相似情况下的其他人之间是很常见的。接着，它将造成犹豫不决的当前观点替换成一种新的、乐观的行为标准。当学会了如何创造期望标签时，即使销售人员面对的是最顽固的买家，也能取得优异成绩。

期望标签的小练习

创造一个在你的销售环境中可以帮助买家从评估多个选项的困境中摆脱出来的期望标签。

2. 正向标签

正向标签的理论依据是，一种行为受到公开表扬时，就会得到促进。这种标签极其有效，因为它能让人产生一股强大而本能的渴望，且这种渴望能促使人们更容易接受该标签。

假设有个同事说她觉得你是个慷慨的人，并感谢你过去为她提供的帮助，那么你会作何反应呢？也许你心里会想："她说得对。我是个真心关心别人的奉献型的人。"如果你这样想，那这一标签立刻就会成为你的自我观念的一部分。在你被贴上这个标签之后，如果这个同事向你借东西，那你觉得自己答应她的可能性是更高，还是更低呢？研究表明，这时你遵从她请求的概率极高，因为你会想要践行那个被她建立起来，而你欣然接受的标准。

利用正向标签促进销售的一种方法就是——赞扬买家过去的那些你希望能够再接再厉的行为，然后提出与这一标签相对应的请求。

写到这里，我就想起了威廉（William），威廉是第一个从我这里学习如何创造正向标签的销售人员。我当时是销售副总裁，威廉向我汇报。有一次，他到办公室来找我，说有个买家的反应速度特别慢，令他十分困扰。在了解情况的过程中，他向我保证这名潜在客户对产品感兴趣，而且确实有需求，但就是不能及时地回复他的电话和电子邮件。这样的拖延让销售过程举步维艰，对于每一个参与者都是不利的。

在讨论了他的情况后，我建议他利用正向标签来促使买家及时反馈。我问他潜在客户有没有迅速地回应过一次。他说几周前发生过一次：当时买家一反常态，非常及时地通过电子邮件告知了一些信息。既然买家曾经及时反馈过，那我们就要鼓励他这种行为。于是，我让威廉在联系对方时，首先赞赏对方及时回复邮件这一行为，即给对方贴上正向标签，其次再向对方提出要求，这样对方自然不会辜负威廉的期望。

威廉兴奋地回到了自己的座位上，开始尝试这一新的策略。没过多久，他就喜不自禁地跑回了我的办公室。我还没有开口问他发生了什么，他就脱口而出："你肯定不敢相信。我按照你的建议，给买家发了一封正向标签的邮件，才不到 5 分钟就得到回复啦！"

你该如何运用正向标签呢？虽然有许多方法，但最有价值的一种就是以影响者为目标的方法。还记得我们在第六章中说到的，影响者虽然并不负责做出购买决策，但却能提供左右决策制定者的反馈。对销售而言，影响者同样重要，因为他们可以提供见解，帮助你更好地满足潜在客户的需求。在与影响者交谈时，即在尝试找出决策制定者、发展内部支持者，或者对买家或组织进行调查时，你就可以采用正向标签来提高对方的顺从度。下面举几个例子：

·你对这家公司了解得相当清楚，真是太感谢你了。我能最后再问你一件事吗？

·很高兴能与你联系。我觉得你对这次扩展和相关的人员都非常了解。谁会负责新地点的印刷设备的采购呢？

·听起来你对魏总的行程了如指掌。什么时候联系他最合适呢？

·上一次对话你给我们带来了许多帮助，我在想是否可以再让你帮个忙。

正向标签的小练习

创造一个可以用来促使影响者分享信息的正向标签。

压制竞争对手的科学

正如我们之前看到的那样，在第二次世界大战的尾声及之后的几十年里，美国政府曾呼吁行为科学家寻找能保护士兵和公民免受敌方劝诱的可靠方法。为了响应这一号召，社会心理学家威廉·麦奎尔（William McGuire）在 1961 年发表了一项关于如何抵御劝诱信息的研究中指出，有一种方法能让人们对劝诱请求产生抵抗力。他将这种方法称为预防接种理论（inoculation theory），因为它与疾病预防接种的工作原理相仿。当一个人接种了针对某种疾病的疫苗后，就会在健康的身体中注入弱化的病毒。这可以帮助此人的身体建立起针对这种病毒的抵抗力。类似地，预防接种理论的思想就是，通过先让某人接触一种较弱的、容易防御的劝诱说法，可以使其针对此类说法的抵抗力得到增强。

大量的科学研究已经证明，预防接种理论可以降低个体被请求说服的可能性。在防止青少年加入不良帮派、禁止未成年人吸烟，以及避免选民因为针对某个候选人的政治攻击广告而改旗易帜等事例中都对此有所体现。辩护律师也常常在开场白中利用这一点，举出一个与对方相似程度较轻的案例，然后指出案例中的缺陷。而你也能利用这一预防接种理论来压制最大的竞争对手。

预防接种理论之所以强大，是因为它能引导买家事先就对竞争对手的劝诱之词形成相反的想法，并坚信不疑。之后，当出现相似程度更高的信息时，他们就会自然而然地听从之前形成的反论。不仅如此，行为科学家扎卡里·托马拉（Zakary Tormala）和理查德·佩蒂发现，一旦人们成功抵挡住了一次劝诱请求，那么就会对自己的决策更有信心，改变想法的可能性就小了很多。

预防接种理论对销售有影响吗？有！实际上，我的一位客户曾经因为他的销售团队难以与大牌竞争对手抗衡而找到了我。过去，当他们与这个对手硬碰硬时，取胜的概率只有 36%。我设计了一种多管齐下的、基于科学的竞争策略，改变了他的销售团队与对手竞争实力悬殊的局面。其结果是：该公司的胜率升到了 71%。尽管我们可以利用许多科学原理来压制强大的竞争对手，但其中最有影响力的还是预防接种理论。

你可以通过多种方式来应用预防接种理论。在下面这两种情况中，你就可以利用它来击败竞争对手：

1. 紧随着独特价值声明

在你分享了独特价值后，就可以采取预防接种理论了。正如我在第三章中分享的那样，独特价值是买家渴望并能从你的公司、产品或服务中得到的独一无二的价值。具体该怎么做呢？先展示独特价值，赢得买家的同意。当买家认同这是他们所需要的东西之后，你可以指出："我们公司独一无二的一个地方就是，我们是提供（独特价值）的唯一一家供应商。根据你刚才的说明，如果解决方案缺少了独特价值，就无法满足你们的需求了，我说得对吗？"未来客户将会认同自己之前的说法，并予以肯定的答复。你应该接着提出像这样的问题："如果别人提出了不包括独特价值的解决方案，你们会怎么做呢？"这个问题会促使买家亲口道出对你的竞争对手的反论。

在这段简短的交互中发生的化学反应是极具影响力的。在传达了独特价值，运用预防接种理论之后，你就能激励未来客户将其他的竞争对手从考虑名单中剔除掉。这其中最重要的是，你从来没有说过自己的公司、产品或服务比竞争对手好，因为说这话的人是买家。

2. 在销售之后

在很多情况下，当你获得新的客户时，竞争对手还会继续联系你的新客户，试图将他们挖走。针对这一攻击，最有效的防御手段就是运用预防接种理论来帮助客户做好抵挡竞争对手的准备。

在销售结束后，你问问客户："好奇地问一句，你选择与我们合作的主要原因有哪些？"一旦他亲口说出了选择你而不是某个竞争对手的原因，你就应该接着表示："你曾说某某（竞争对手）也找你聊过。很可能某某（竞争对手）过几天就会来联系你，想要拿下你的单子。到时候你会怎么说？"你的客户就会对如何回答这一问题做到心里有数，因为他刚刚才告诉你为什么选择了你而不是竞争对手。

在销售结束时运用预防接种理论可以帮助你的买家认真思考并亲口承诺该如何反驳你的竞争对手。这将会提高他们的决心，并大幅地降低你的竞争对手的影响力。而且，如果他们出于某种原因而发生动摇，表现出可能被竞争对手吸引过去的迹象，那么你就可以及时解决这个问题，巩固销售成果。

如何克服买家的异议

当我效力于另一家公司时，我与另外将近 30 名销售人员一起经历了为为期几周的新员工培训。在最后一天，办公室里摆了一圈桌子，公司里的销售经理分别站在桌子后面。每一张桌子上都有一张纸，纸上面写着这名经理即将开展的 20 分钟深入培训的主题。尽管所有的主题都很吸引人，但有一张桌子吸引了超过 90% 的销售人员，也包括我在内。这么多人都聚集在这张桌子前面的原因就是这个主题不仅重要，而且还激起了我们既兴奋又恐惧的情感。这张桌子的纸上就写了两个字：异议。

当你在销售的最后阶段遭到了异议，该怎么做呢？我从多年的销售经验中学到的是，应对异议的方式将会决定你能否成功克服它们。我会利用本章剩余的篇幅，与你分享一种久经考验的化解异议的方法。首先，你要留意有效应对异议的三大规则：

1 号规则：尽早发现异议

毫无疑问，等到销售结束时才处理异议是最没有用的。虽然买家可能直到销售结束时才会把异议说出来，但是这个异议已经在买家心里酝酿了好一段时间，早已破坏了买家对你的看法。实际上，如果潜在客户在公布价格时提出异议，那么在他们看来，这等于是在拒绝交易，而异议就是拒绝的原因。这就是为什么最好要在请求做出购买决策之前就仔细地化解所有的异议。而且正如我在之前章节中所介绍的那样，你可以通过让买家——认可 6 个为什么的方式，来化解异议。

你要迅速找到异议。我发现，成交所耗费的时间和成功率之间有着直接的联系。无论销售的类型如何，成交耗费的时间越长，成功率就会变得越低。所以在公布价格并提出交易请求之后，成交的可能性每一分钟都在降低。这就是为什么当异议出现在出价之后时，你就必须尽快地识别并克服它。在接下来的几页中，我会教你一套处理异议的流程，引导你迅速而轻易地发现异议。

2 号规则：监控买家的情感状态

我在第四章分享过，买家的情感状态（他们在特定时间内所感受的情感的集合）会左右他们的想法，并给购买决策带来重要的影响。他们在提出异议时，常常会陷入负面的情感状态。这是因为异议会让他们的想法集中在更悲观的方面，这自然会滋生负面情绪。在出现这种情况时，你就需要转移他们的情感状态，让他们更容易接受你和你的想法。

一种简单的方法就是将他们的注意力重新放在获得你的产品或服务时所得到的好处上。提出一些问题帮助他们重新评估和详细阐释这些好处就能为他们注入积极的情绪，令他们在销售进展过程中保持乐观、开放的情感状态。

下面是一些如何引入并提出这些问题的例子：

·从我们最近几周的对话来看，你应该对我们的技术非常感兴趣。如果达成合作的话，你觉得所能享受到的最大的好处在哪里？

·感谢你的深思熟虑。我知道我们已经讨论过你的一些顾虑了，我也已经给出了令你满意的答复。平心而论，我们也应该看看我们这套库存管理系统有什么优点了。从你的角度来看，如果有了我们这套系统，你将得到的最大好处是什么？

·我想要保证到了成交的时候你能百分之一百地满意，所以你觉得如果我们成为供应商，会给你带来哪些好处呢？

3号规则：遵照异议处理流程

我还是个年轻的销售人员时，就因为遵照了一套克服异议的流程而让销售业绩得到了提升。在此之前，我处理异议的方式只有求上天保佑一种。我祈祷着在关键时刻脑子里能够冒出一句机智的回应。这种方法时灵时不灵。而在遵照流程之后，我每次面对异议都能变得更加游刃有余。类似地，当你遵照一套克服异议的流程时，就能更加稳定地提高自己迅速解决异议的能力。

如果你还不确定应该采用哪种异议流程，那么下面我会介绍一套我认为对识别和解决异议极其有效的方法。

识别和克服异议的流程

第一步：使用软化陈述

软化陈述就是以非对抗的方式对异议或者向左的意见予以回应。未来客户在成交之际提出异议时，往往已经做好了辩论的准备。他们的杏仁核，即大脑中触发强烈的情感反应的部分会被激活。活跃的杏仁核随时会征用大脑，让对话转向偏向情感的、防御性很强的方向。软化陈述能通过认可异议来平息杏仁核的活动，但这并不是认同，而是合理的持保留意见的答复。它传递给对方一种尊敬的态度，促使买家认同你的话语。

下面是软化陈述的一些例子：

·我明白。这是你们公司的一笔重要投资。

·我明白这会带来一些顾虑。

·我完全理解。这是个重要的决定。

第二步：孤立异议

所谓孤立，就是提出问题来引导潜在客户透露他们是否还有别的异议。多数情况，即使买家肚子里有一大堆异议，也只会提出其中的一项。你一定要对他们所有的异议有所了解。这将确保你能快速地将异议一一解决，让销售进展下去。

不仅如此，有的时候为了避免冲突，潜在客户会找借口来回避交易，而不是直截了当地提出拒绝。这一借口只不过是终止销售对话的一种友好的方式罢了。借口的危险性在于，他们掩盖了真正的异议。尽管异议会阻挡销售，但克服它们就能让销售更进一步。提出孤立问题就是确认买家的回答是借口还是合理异议的最佳方法。

下面是一些常见的孤立异议的方法：

·除了异议，还有什么原因会让你拒绝投资这一产品吗？

·如果异议不是问题，那么你是否愿意合作呢？

·除了异议之外，你还有什么顾虑吗？

第三步：找出异议的根源

在提出软化陈述和孤立问题之后，你就应该从心理学的角度找出异议与6个为什么之中的哪一个有关。随后，你就可以从异议的根源对症下药，从而大幅提高克服它的概率。

有的时候，如果买家提出的异议含糊不清，那么可能就需要通过澄清问题来确认它与6个为什么之中的哪一个相关了。在这种情况下，你可以直接将之前尚未获得认可的某个为什么拿出来，请未来客户予以认可。例如，你可以说："你认为我们讨论的生产问题，就是每年造成大约150万美元成本的那个，现在是不是一定要做出改变了？"这个问题结合了1号为什么和2号为什么。这样的策略可以帮你找出6个为什么中的哪一个与异议相关。

第四步：回答异议

在找出6个为什么当中的哪一个导致了异议后，你就应该做出回应了。为了做好相应的准备，你可以开展一次异议预测小练习。练习的方法就是分别将6个为什么罗列出来，然后分别写出回应的方法。例如，想象有一个来自对"为什么要现在？"缺乏认同而产生的异议，你要写出解决这一困扰的应对之策。接着，当这一异议出现在销售中时，你只要回忆起计划好的答案，并根据情况和买家稍作修改即可。这是个既适合与销售团队一起进行，也适合独自进行的练习。通过这个练习，你能创造出一系列非常有效的说辞来反驳可能遇到的所有主要的异议。

在对每一个为什么设计答案时，你应该专注于两个具体的方面：

1. 证据：这是指能解决潜在客户的异议，并让他们做出新的决定的新信息。除非你能提供有说服力的证据，否则一旦买家提出异议，就会因为外部和内部的压力而不得不坚持这一异议。

我建议你将自己的证据与买家的异议进行对比。这样一来，你就可以用令人信服的方式来包装证据。例如，如果异议针对的是产品或服务的成本，那么就可以在成本外面套上买家在购买后所能得到的金钱收益。

2.第三方的案例：这是指与买家相似的客户在使用了产品或服务并得到了积极结果的真实案例。有了这些案例，你就能通过有趣的方式化解买家的异议。我会在第九章中告诉你如何创造这种极具说服力的案例。

第五步：获得认可

销售人员对异议做出回应时，必须求得买家的认可。这一认可应该针对产生异议的某一个"为什么"。因为，只有这样，你才能了解到你对于异议的回答是否足够令人信服。

下面这些例子会教你如何在这一步中寻求认可：

·根据我们刚才的讨论，你是否同意现在是进行这项投资的最佳时机？

·你是否认为我们是最有能力满足你在几分钟前所说的那些需求的公司呢？

·既然你同意这项服务的 ROI（投资回报率）完全可以抵销这点投资，那么是不是可以行动了呢？

为什么要使用这些策略和见解

本章的见解会引导你将销售流程与大脑感知信息的方法保持一致。因此，你不应将这些策略当作对别人实施的，而应该当作是与别人一起实施的。

既然你已经牢牢掌握了创造价值、接触潜在客户、压制竞争对手和克服异议的方法，就把我们的注意力转向销售中最值得庆祝的部分：成交。在下一章中，我会展示一种革命性的、基于科学的成交方法，来提高你获得更多销售业绩的能力。

第八章
重新定义成交：获得战略认可

想象一下，有人把你领到一个房间里。房间里有一张桌子，上面放着一根粗大的蜡烛、一盒大头钉和一盒火柴。你得知自己的任务是只使用桌子上的这三样东西，把蜡烛粘在墙壁上，而且蜡不能滴落到桌子上。你该如何解开这个谜题呢？

许多尝试完成这一练习的人想要利用大头钉将蜡烛固定在墙上。然而，这一招并不灵，因为这些大头钉太小了，撑不住这么粗的蜡烛。还有的人点燃火柴，将蜡烛一侧的蜡熔化掉一些，想利用熔化的蜡将蜡烛粘在墙上。虽然这是个很有创意的解决方案，但仍然没能成功。

这就是所谓的"蜡烛问题"。这个问题由心理学家卡尔·登克尔（Karl Duncker）于1945年提出。此后，许多行为科学家都会通过提出"蜡烛"问题的方式来分析一个人解决问题的能力。这些研究发现，无论年龄、社会经济学地位或者教育程度如何，参与者通常都要花5到10分钟的时间解开谜题。

大脑之所以一开始怎么也找不到这一简单困境的解决方案，是因为行为科学家们口中的功能固着（functional fixedness）。当参与者看到桌上的物品时，首先就假定每一件物品只有一样功能。这就限制了他们发现盒子的双重功能的能力：一开始用来装大头针，然后用来放蜡烛。只有开始跳出思维的盒子（一语双关）后，他们才能够获得发现解决方案的创意灵感。

在临近成交之时，许多销售人员也会遇到与此相同的功能固着。根据传统的定义，成交指的是买家在销售人员的请求下承诺购买对方产品或服务的行为。这一承诺发生在总结销售信息之时，并且指达成这场销售（因此有一个"成"字）。然而，你所使用的成交方法是你在销售中应该采用的吗？答案是否定的。

要想理解应该如何完成交易，我们就需要重新审视对成交的看法。成交的策略越是符合大脑在购买时所经历的心理步骤，就越能带来成功。这就是为什么目前的成交方法的生产力非常低的缘故。

在很长一段时间以来，人们在成交时只专注于销售过程最后的承诺。这种观念的局限性（功能固着）导致许多人错过了有效成交的关键：在整个销售过程中的小承诺。大量的科学研究已经证明，大脑会将已经许下的承诺作为参考点，最终做出对某件事情的选择。换句话说，小承诺自然而然地会带来更大的承诺。这就是为什么引导别人做出任何类型的重大决策（例如购买决策）的最佳方法就是首先引导他做出一系列与更大的决策保持连贯性的小承诺。我们接下来看看这是为什么。

为什么小承诺是销售的积木

在如今已被奉为传奇的社会实验中，行为科学家乔纳森·弗里德曼（Jonathan Freedman）和斯科特·弗雷泽（Scott Fraser）领导团队对加利福尼亚州的一个街区进行了详细调查。该调查的研究人员询问居民："你能否让我们在前院里竖一根广告牌？"研究人员以志愿工作者的身份向每位户主出示了一张照片，照片上面明确地描绘了这块大号牌子对房屋视野的遮挡。广告牌上写的是"安全驾驶"的标语。该研究发现，只有17%的人同意这样的请求，而大多数居民都拒绝在自家院子里安装这样的广告牌。

然而，当研究团队走访隔壁的街区，向居民们提出相同的请求时，得到的答复却令人震惊。在第二个加利福尼亚州街区里，有76%的户主同意将广告牌竖在自家前院。面对两个街区之间夸张的反差，一位研究助手评论称："有些人不费吹灰之力就能被说服，而有的人根本无从下手，这太让我震惊了。"

第二组户主之所以同意这样一个过分的请求，是因为研究人员事先已经拜访过他们一次了。在两周前，研究团队询问他们是否愿意在房屋的前窗上展示一块写着"安全驾驶"的三寸小牌子。这一微不足道的请求得到了广泛的接受。弗里德曼和弗雷泽得出结论，这一看似微不足道的许诺对居民产生了极大的影响，让绝大多数人在不久之后对更进一步的请求，即在前院里竖一块提倡安全驾驶的广告牌，选择了服从。

弗里德曼和弗雷泽的发现被发表在1966年的《个性与社会心理学杂志》（*Journal of Personality and Social Psychology*）上。自那以后，就有许多类似的研究证实，一旦认可过某件事情，人就会采取与之保持连贯的行为。例如，事实证明，小的许诺会增进慈善捐助，提高献血活动的参加率，甚至减少吸烟。

即便是看似微不足道的许诺也有着极大的影响力，甚至决定了销售的结果。这是为什么呢？因为，这些许诺会改变许诺者未来的行为。

利用战略性许诺来实现成交

我在第三章中就已经说过，虽然购买决策可能要等到销售的结尾才显露出来，但却是在整个销售过程中培养起来的。大脑要建立起购买产品或者服务的决定，就必须对 6 个为什么做出某些根本性的认可。

较小的战略性许诺之所以是组成销售的积木，是因为它们会引导买家经历一段自然的赞成过程，引发最终拍板购买的较大的决定。

因此，发生在销售尾声的最后的购买决策的许诺与买家在此之前对 6 个为什么所做出的一系列基本认可是相互关联的，前者往往依赖后者。在销售中对这些必要的许诺视而不见，只关注结局时的最后决策，就会迫使大脑进行违背自然的思维跳跃，从而产生压力和焦虑等负面感受。然而，这恰恰就是传统的成交策略所做的事情。

那么，你该如何向成交迈进呢？你不能再单纯地将成交视为销售人员在销售的最后阶段所获得的某个独立的许诺，因为这种观念并没有正确反映出成交真正的样子。成交应该是销售人员引导潜在客户完成决策制定，并最终做出购买决定的一系列过程。由于大脑是在销售的全过程里步步为营地建立起购买决策的，所以我们也应该用相似的方法来看待成交。

到目前为止，我希望能让你明白，许诺是购买的一个核心组成部分，也是销售的一个核心。但是，为了让你充分认识到如何利用许诺来增强影响力并达成更多的销售，我还需要介绍一下许诺的影响力之所以如此强大的原因。研究表明，许诺会影响甚至决定买家未来的行为，因为它们激活了两个强大的心理激励因素。下面就快速地了解一下它们。

为什么买家渴望与自己的许诺保持一致

为什么有些陪审团会无法做出裁定？这是社会心理学家诺伯特·克尔（Norbert Kerr）和罗伯特·麦考恩（Robert MacCoun）在一项独一无二的研究中想要解答的问题。这项研究分析了阻碍陪审团做出决定的因素。研究的结论认为，当陪审员在他人面前表达自己的观点，而不是进行匿名投票时，陪审团悬而不决的可能性就要大得多。这是为什么呢？因为，一旦陪审团成员公开分享了自己的观点，他们就会觉得有必要保持一致，而不是背道而驰。

言行一致是其他人对你的期望。行为前后不一的人常常会被看作骗子、伪君子、靠不住的人，甚至更糟。这种强烈的社会压力就是导致买家在销售过程中所做出的公开许诺具有如此强大吸引力的原因。

但是，一致性并不只是一种社会规范（即社会对他人的期望），也是每一个人都具有的本能渴望。实际上，保持一致的冲动强烈到常常会把思考抛到脑后。发表在《个性与社会心理学杂志》上的大量科学研究发现，一个人做出公开许诺时，想要与这一承诺保持一致的本能渴望可能会强烈到让其对许下的承诺更加深信不疑。换句话说，支持潜在客户下定决心恪守承诺的方法之一，就是鼓励他们公开做出承诺。

当饱受赞誉的行为科学家艾德温·洛克（Edwin Locke）和加里·莱瑟姆（Gary Latham）对 35 年来关于目标达成率的研究进行了分析后，发现有一条建议在这些学术文献里非常普遍：将目标公开说出来，你实现目标的可能性就会大得多。洛克和莱瑟姆解释说："做出公开的许诺……会让一个人的行为在他自己和其他人眼中变成事关诚信的事情。"

这就是许诺的效力如此强大的原因之一。人们会觉得有必要与之保持一致。这种一致性就是让许诺屹立不倒的支架。因此，违背它们就会让人觉得犯下了错误。

那么，你应该如何利用一致性原理来获得更多的成交量呢？关键就是要在整个销售过程中运用它，让买家做出承诺，从而提高买家的顺从度及你的销售效力。比如，你可以运用一致性原理来加速销售周期。下面就来看看怎么做吧。

假设你准备与来自一家公司的几个决策制定者见面。虽然你已经邀请他们悉数到场，甚至表明了所有人都如约到场会带来的好处，但你有什么办法能确保他们一定会来吗？或者在销售对话结束时，你和潜在客户谈论之后的步骤，能做些什么来保证他们会切实地按照你的提议来行动呢？这两个场景的答案都可以从运用一致性原理中找到。你只要寻求买家的许诺，而不是对他们提出请求或者推荐就行了。下面就举几个例子：

·如果出于某种原因，有什么事情发生了变化，导致你或者你们的首席信息官（CIO）或者销售副总裁（VP）无法如约到场，那么你能给我发封电子邮件，或者打个电话，一起重新约个时间吗？

·你会在我们月底的下一次会议之前，跟你们的生产经理谈谈这些需求吗？

·你能在周一之前把修订过的合约发给我吗，这样我就可以在周二见面之前先检阅一遍了。

这些问题全都是为了取得买家的较小的许诺。当你提出了上述问题之后，如果买家作出了相应的许诺，就会受到刺激要与自己的承诺保持一致。我见过许多公司都通过有效地引发一致性原理改善了销售业绩。例如，当我培训过的一家公司开始请求买家承诺，在销售对话时所有的决策制定者都能到场以后，生产力就得到了大幅提高，销量增加了12%。

不过，关于一致性原理能给公司带来多大的变化，在《纽约时报》（*New York Timers*）上的一篇题为《向放弃预订者宣战，餐厅的姿态更为强硬》（*In War Against No-Shows, Restaurants Get Tougher*）的文章可以作为有力说明。这篇文章介绍了芝加哥的一家名叫戈登（Gordon）的人气餐馆。这个餐馆由于30%的放弃预订率而每年要损失90万美元。神奇的是，这家餐馆通过改变确认预约的方式，让放弃预订率降低到了10%以下。从前，在接受预约时，戈登的员工会说："如果你计划有变，请通知我们。"，但就算有了这样的恳请，10个预约中还是有3个会被取消。然而，一旦将这句话改成能引发许诺的提问（"如果你计划有变，是否会通知我们呢？"），放弃预订率就直线下降了。

一致性原理如此强大，如果在销售中都看不到它活跃的身影，那真是天理不容了。我鼓励你思考并找出在整个销售过程中，有哪些提出建议的地方可以改成寻求较小的许诺。如果你这样做了，你就会发现买家的顺从率相比之前会有所提高，随之增加的还有你的销量。

许诺是如何改变自我认知的

在给政治候选人投票时，你在投票之后会不会比投票之前更确信你的候选人能够获胜呢？

丹尼斯·里根和行为科学家伙伴马丁·吉尔达夫（Martin Kilduff）开展了一些实验，分析了这一问题。在选举日时，研究人员走访了多个投票站。在选民提出选票之前，研究人员会问他们这样一个问题："你们认为你们投票支持的这个候选人赢得选举的机会有多大？"等选民投完了票之后，研究人员又对同一批人提出了相同的问题。里根和吉尔达夫报告称："结果表明，人们在投票之后对候选人获胜的信心要比投票之前更多。"

另一项在赛马场开展的研究也得出了与里根和吉尔达夫相同的结论。领导该研究的心理学家询问那些准备下注的赌徒，对于准备下注的马匹赢得比赛有多大的信心。之后，在这些接受调查的人完成下注之后，研究人员再次询问他们相同的问题。研究发现，人们在投注之后要比投注之前对所选马匹赢得比赛的信心更足。

在这两项实验中，参与者在许诺之后都要比许诺之前更加确信自己的决定。然而，为什么投票或者投注的行为能提高信心呢？原因就在于做出许诺之后所发生的一个变化。这并不是候选人或者赛马场发生了什么变化，而是做出许诺的人因为许诺而发生了变化。下面就来看看原因。

在1972年，行为科学家达里尔·贝姆（Daryl Bem）提出了一个突破性的观点，并称之为"自我知觉理论（self-perception theory）"。他主张："个体开始'知道'自己的态度、情绪和其他内在状态，一部分是通过观察自身的显性行为所得到的推论。"自那以后，自我知觉理论就得到了许多科学研究的检查和验证，如今已被视为行为科学的一项完善的原理。这也显露出了许诺所产生的另一个作用：它们可以改变信念。

我们从这个角度来看一下：正如第四章所介绍的那样，你的信念和情感会影响你的行为。不过，你的行为也同样会改变你的信念和情感。

在观察自己的行为时，你的信念和情感会受到影响，而自我形象也因此会发生改变。索尔·卡辛、史蒂文·菲恩和黑兹尔·罗斯·马库斯对这一现象有如下总结："当人们在循循善诱下说出某句话或者做了某件事，而且从其他方面又无法确定自己的感受时，对自身的看法往往就会与公开的发言和行为保持一致。"行为科学家们主张，当人们做出许诺时，这些许诺就会影响到他们的自我形象，继而改变他们未来的行为。

为了解释这一点，我们要回顾一下本章之前所讨论的弗里德曼和弗雷泽的研究。他们发现，在提出较大的请求之前，先让户主做出一个较小的许诺会导致户主的服从率快速上升。研究人员将出现如此猛烈的提高的原因总结为："一旦他同意了一个请求，他的态度就可能发生变化。在他自己的眼里，他可能变成了那种会做这种事情的人，会同意陌生人提出的请求的人，会为了自己相信的事情采取行动的人，会为了做好事而合作的人。"这些研究人员所描述的就是自我知觉理论。

这也是为什么在丹尼尔·霍华德的研究实验（在第一章中探讨过）中的人在对"您今天晚上感觉怎么样呀？"的问题给出积极答案后，更容易邀请销售人员登门造访的原因。因为，当这些户主声称自己感觉很好时，他们的感觉真的会开始转好，从而更倾向于服从请求。

研究表明，买家在做出许诺之后，就会开始按照这些许诺的标准来看待自身。改变后的自我形象会引导他们做出与之前许下的承诺相一致的更多，乃至程度更大的许诺。

例如，我的一名客户在一个竞争非常激烈的行业里从事销售活动。虽然他们的定价处于市场的顶级，但却战胜了所有的竞争对手。他们是怎么做到的呢？他们的胜利来自让买家把注意力集中在他们产品的质量上面。不过，在买家看来，价格是比质量更重要的因素，他们通常把价格排在首位，而将质量排在末尾。

那么，我的客户是如何将买家的注意力转移到有利于他们的方向上的呢？他们会帮助未来客户做出一些较小的、战略性的许诺，承认质量的重要性大于成本。在认同了这些许诺之后，客户的信念发生了实质性的变化。他们变成了信仰质量的那类人。不过，最能说明问题的是，当我的客户进行售后调查时，发现他们的客户表示，选择购买的首要原因就是质量，而原本被选为重中之重的价格却几乎只字未提。

毫无疑问，许诺是购买的一个核心组成部分，因此也是销售的核心。可是，你该如何获得买家的许诺呢？我发现，获得许诺的最佳方法就是运用通常被称为成交试探（trail close）的提问。成交试探有两类：参与和承诺。你应该双管齐下，利用它们改善客户对你的看法（影响力的外围途径）并增强你传递信息的说服力（影响力的中央途径）。

参与型成交试探

参与型成交试探是一种重要的销售工具，能提高每一个销售人员的效力。在整个销售过程中，你都应该运用这些第二级问题（第五章中讨论了第二级问题），因为它们会引导买家主动地参与到销售过程中来。不仅如此，它们还会帮助未来客户思考并肯定支撑 6 个为什么的价值观念。

参与型成交试探有两个具体的功能：

1 号功能是暗示拥有：回答此类参与型成交试探会促使未来客户展望在拥有了你的产品或服务之后的结果。这种心理想象具有惊人的影响力。

例如，想象你啜了一口柠檬汁。味道怎么样？在想象柠檬汁的时候，你要注意嘴里出现的感觉。你会发现发生了一件完全不受你自己控制的事情：你的唾液开始增多，仿佛能尝到柠檬汁的酸味。发生了什么？你刚刚就体验了心理想象的威力。

你可以利用心理想象来帮助买家假想拥有你的产品或服务的感觉，因为这样一来，他们购买的概率就会提高。这是为什么呢？有大量的科学研究证明，将决策形象化会促使大脑建立起与该行动相关联的突触联系，从而使做出这一选择变得更加容易。

设计这样的成交试探是比较简单的。下面是一些暗示拥有的参与性成交试探的例子：

· 你希望在正常工作时段安装软件，还是在下班之后进行？

· 如果你打算投资培训课程，那么我们的教室培训或者在线培训能给你带来什么优势呢？

· 在这三个服务选项中，哪个最适合你们组织的需求呢？

· 如果你打算迈出这一步，投资这款产品，你会采用我们的金融方案还是用信用卡支付首期呢？

· 如果你有了这款产品，会如何利用它呢？

我建议，只要能自然地融入对话中，你就应该使用拥有暗示功能的参与型成交试探。你可以在同买家讨论产品或服务的特性和功能时使用这一点。尽管买家没有做出任何许诺，但却已经想象了拥有你的产品或服务，从而提高了最后做出决定的可能性。

2号功能是确认价值：事实证明，成交试探能放大销售信息的说服力，因为它们会引导买家在心理上消化你的价值主张，并通过语言肯定你的价值主张。

有意思的是，这些参与型成交试探其实已经在多项科学研究中得到了验证。开展研究的行为科学家并不了解"参与型成交试探"的销售术语，因此将其称为附加问题（tag question）。研究人员得出结论，当带着强烈信息的可信的发言人运用附加问题时，话语中的说服力就会提高。此外，行为科学家罗伯特·加斯和约翰·赛特指出，附加问题会帮助人们从心理上评估劝诱信息。

这些成交试探还能帮助买家在认识你的公司、产品或服务的价值时形成一种拥有感。这一点之所以重要，原因正如哈佛商学院的托马斯·斯滕伯格（Thomas Steenburgh）的观点，"一个关键的部分在于……未来客户觉得他们参与定义了所能获得的好处，更甚者觉得是自己亲手定义了它们。这会带来更强烈的认可和完成交易的紧迫感。它还会提高未来客户将该产品'推销'给决策制定单元的其他人的意愿。"

下面是一系列专注于确认价值的常见的参与型成交试探：

· 这个项目是否满足你们团队所列出的所有需求？
· 业务优化部将我们公司评为 A+ 等级，这说明什么呢？

·投资一款拥有全面保障的产品对于你来说是否重要？

·听起来签订服务合约是必不可少的。我能问一下为什么吗？

·这么多人都选择基于科学的销售培训有没有什么道理呢？

·还不安装这款设备的话，你们每周就要支出 9 500 美元的成本，这没问题吗？

参与型成交试探小练习

创建 4 个参与型成交试探（两个暗示拥有，两个确认价值）。我建议你分别规划一下在销售过程中的运用时机。然后提前练习一下，确保能积极而有说服力地将其表达出来。如果你这么做了，就会发现它能帮助你与买家建立更深层次的交流，并得到他们对你的公司、产品或服务所提供的价值的认可。

许诺型成交试探

许诺型成交试探（Commitment trail close）是成交的关键。为什么这么说呢？因为，它们要求买家做出主动的口头许诺，从而以可预料的方式改变他们未来的行为。这些成交试探之所以对你的销售至关重要，是因为你要利用它们获得不可或缺的战略性许诺，来引导销售朝着好的方向发展，最终引导买家做出正向的购买决定。

许诺型成交试探与参与型有何区别呢？参与型成交试探引导潜在客户展望拥有你的产品或服务的结果，并取得对于你的价值声明的认可。而许诺型成交试探正如其名：它们引导买家做出许诺。

许诺会要求买家采取行动，并以可预测的方式改变他们未来的行为。

　　如果销售人员没能在销售过程中取得战略性许诺，就往往会将买家对某个想法的认识误当作是对销售人员的认可。毫无疑问，认识在销售中是很重要的，如果人们不理解你所表达的内容，那么你就很难影响他们。然而，光有认识是不够的。即便未来客户在看到一些重要信息时嘴上可能轻声应着"没错"，或者点点头，但是这并不意味着他们的行动会遵循这一点。

　　我见到过有的销售人员在销售对话中从来不寻求许诺，而是一厢情愿地假定买家都同意他的观点。接着，当这些买家拒绝交易，或者干脆拒绝再次联系时，他们就搞不懂是为什么了。因为他们没有寻求许诺，所以就无法充分理解未来客户的观点，察觉销售失败的原因，或者该做些什么来拯救。

　　以下列出了在各种各样的销售环境下可以采取的许诺型成交试探的例子：

　　·根据你刚才的分享，这个问题听起来应该是需要立刻解决的，对吗？
　　·你会投资一款不带这一特性的软件吗？
　　·根据你现有的了解，有可能尝试在内部建立一套解决方案吗？
　　·你的组织是否下了决定，要解决你所透露的生产问题？
　　·根据你对我们公司的了解，有没有什么原因会阻止你选择我们作为你的供应商吗？

　　在深入讨论如何创造许诺型成交试探之前，我需要与你分享一种强大的科学策略，它将大幅增强你获得积极响应的能力。尽管在整个销售过程中，寻求许诺是非常重要的，但是同样重要的还有如何寻求这些许诺。如果你学会了恰当的方式来施展许诺型成交试探，那么你的说服率就会迅速提高，而销售效力也会随之增强。

如何寻求战略性许诺

你该怎么做才更有机会获得更多的成交所必需的战略许诺呢？要解答这个问题，我需要向你介绍一种被称为选择架构（choice architecture）的强大的科学框架。什么是选择架构？选择架构就是如何按照大脑形成决定的方式来构建选项。研究已经证明，大脑是根据上下文做出决定的。因此，选项呈现的方式会影响别人看待它的方式，以及是否会做出选择。让我给你举个浅显易懂而且能立刻联系起来的例子：菜单工程。

当餐馆的菜单开始应用选择架构原理时，其销售额提高了 10% 之多。以下是几个菜单心理学的秘密：

·在主菜外面画个框，或者在旁边附上图片，可以吸引眼球，并大幅提高被选中的概率。

·如果菜名写得更有吸引力，顾客就会愿意花更多的钱。餐馆为"鲜榨佛罗里达橙汁"收的钱会比简单的"橙汁"更多。

·列表顶部或底部的菜单项被选中的概率是中间项目的两倍。

·用美元符号可以提高顾客对价格的容忍度，并让平均字面金额降低。

·在列表顶部列出高价主菜可以形成一个基准，让客人选择高价菜品的概率大幅提高。实际上，有研究发现，光这一点就能将让销售额提高 25%！

正如菜单项的表现形式影响了客人是否会选择它们一样，许诺的表达方式也会影响买家对他们的反应。

在一开始研究"选择架构"这门科学，想要寻找许诺型成交试探的最佳表达方式时，我偶然发现了启动（priming）这一心理学原理。这一概念认为，接触某一想法会改变你对后续信息的反应。例如，回忆一下你最近看过的恐怖电影。在看完之后，你会对家里的任何风吹草动都特别敏感。尽管你可能在此之前就听到过相同的噪声了，但这个时候听到就会让你吓一大跳。这是为什么呢？因为恐怖电影在你的脑中形成了对奇怪声音的高度警惕性。

启动是大脑中发生的一种影响深远的效应。即使是看似微不足道的事物都可能启动你的思想，并使你的思想朝可预测性非常强的方向行动。由行为科学家查尔斯·李（Charles Lee）、萨利·林克纳格（Sally Linkenauger）和三名同事开展的实验就提供了一个极好的例子。研究人员随机地将 41 名业余高尔夫球手分成两个组。第一组的成员依次被带到推杆练习器前。每个高尔夫球手都会得到一根推杆，需要估计球垫末端的球洞的直径。接着，球手可以尝试十次推杆。

第二组高尔夫球手的安排与第一组类似，只不过每个球手在得到推杆的时候会被告知，这根球杆曾经属于职业高尔夫球运动员本·柯蒂斯（Ben Curtis）。令人震惊的是，这一看似无关紧要的信息对高尔夫球手产生的影响却非常大。

虽然两组高尔夫球手回答的都是相同的问题，使用的也是完全相同的球杆，但那些相信球杆属于本·柯蒂斯的球手所感受到的球洞的直径要比另一个组的感觉大了 9%。不仅如此，这些球手的水准也提高了，因为他们的进洞数要比没有听说球杆历史的人高出 32%。

当我应用这一科学知识，着手研究如何在销售中建立一个能促使买家认同许诺型成交试探的环境时，有一点得到了反复的验证：让许诺型成交试探获得积极回应的最好办法就是寻求参与型成交试探。

参与型成交试探可以引导大脑对许诺背后的基本价值产生肯定的意见，有助于大脑做好做出许诺的准备。我发现，这会大幅提高许诺得到认可的概率。下面三个例子会演示同时使用两种成交试探所带来的影响：

1号例子

参与型成交试探：

如果还不安装这款设备的话，你们每周就要支出9 500美元的成本，不是吗？

买家的反应：

没错，我估计是这样。

许诺型成交试探：

既然这样，有什么原因让你暂时不能投资这款设备吗？

买家的反应：

没有，如果再等下去的话是不明智的。

2号例子

参与型成交试探：

根据你刚才的分享，这一特性似乎对你而言非常重要。我能问问这是为什么吗？

买家的反应：

它能让我们提高效率。

许诺型成交试探：

你可能会投资一款不带有这一特性的软件吗?

买家的反应:

绝对不会。

3 号例子

参与型成交试探:

有这么多人都放弃了基于推测的销售培训,是不是有点道理?

买家的反应:

当然了,我知道它存在什么问题。

许诺型成交试探:

有什么原因会让你再次投资基于推测的销售培训吗?

买家的反应:

不,我明确要求销售培训要基于科学。

许诺型成交试探小练习

利用你在上一次练习中建立的两种确认价值的参与型成交试探,来设计两种与参与型成交试探所主张的价值保持一致的许诺型成交试探。我建议你练习一下如何运用它们,到时候你就会发现自己获得战略性许诺,完成更多成交的能力会得到提高。

如何应对非许诺回应

只要利用我在本章中分享的策略和战术,你就能大幅提高从买家那里得到强烈许诺的机会。尽管如此，有的时候买家面对你的许诺型成交试探，也会以非许诺回应来答复。我说的非许诺回应，指的是除了强烈的许诺之外的任何反应。下面介绍的是如何发现两种最常见的非许诺回应的形式：

1.异议：当买家拒绝做出许诺，反而提出异议时，你就应该想办法诊断，是什么导致了这一异议，然后加以解决。这往往意味着消除误解、展示新信息或者重新认识情况。（关于克服异议的过程，可以在第七章中找到答案。）一旦你得到了买家的认可，确定已经化解了异议，那么就可以胸有成竹地请求买家以许诺来做出答复了。

如果你无法解决阻止许诺的异议，那么就要把它记在心里，在销售过程的稍后阶段展示一些新的相关信息后再重新回顾一下。

2.消极回应：假设你借了朋友3 000块钱，问他能不能在月底之前还清。如果他的回答是"也许吧……我会到时候再看能不能还给你"，你有多少信心能拿回这3 000块钱呢？我猜你的答案应该是"不太确定"。就像你的朋友对你的问题没给出确切的肯定答复表明他很有可能到了月底也没法还你钱，潜在客户对于战略性许诺的消极回应常常也表明销售中存在问题。

在应对不置可否的回应时，你一定要意识到潜在客户并没有拒绝你。与此相反，他们的反应表明，他们的确倾向于你，只不过还没有做好做出许诺的准备罢了。那么，你该如何引导他们做出许诺呢？我发现，应对这种不清不楚的回答，最有效的办法就是要求买家对自己的回答做出解释，而且要从对你有利的方面来解释。你可以向潜在客户提出第二级问题，帮助他们仔细思考和确认许诺背后的想法。

让我们将这种策略运用到之前分享的2号例子中看看。当你提出许诺型成交试探"你可能会投资一款不带这一特性的软件吗？"时，买家回答："我懂你的意思，但是我还得再考虑一下。"那么对于这种非许诺回应，你可以说："我明白。听起来你对这一特性很感兴趣。如果你拥有一款具备该特性的软件，那么你的组织会得到什么好处呢？"现在，你就会促使他仔细思考，并公开说出支持这一许诺的价值。做到这一点后，你就可以问："既然如此，有什么原因会让你考虑不带这一特性的软件吗？"这一次，你的买家很可能就会做出许诺了。

既然正确地应对不置可否的回应是获得许诺的核心要素之一，那么下面这个例子将会告诉你在1号例子所描述的现实世界的销售对话中应该如何操作：

参与型成交试探：

如果还不安装这款设备的话，你们每周就要支出9 500美元的成本，不是吗？

买家的反应：

没错，我估计是这样。

许诺型成交试探：

既然这样，有什么原因让你想要暂时不投资这款设备吗？

买家的反应：

我不确定。我还需要再考虑一下。

转变买家的看法：

听起来你并不太赞成等到以后再解决这个问题。我能问问等待的主要原因是什么吗？

买家的反应：

嗯……我觉得不解决这个问题会带来高昂的代价，绝对会对生产力造成损害。

许诺型成交试探：

说得没错。根据你对于问题的代价和对生产力的损害的考虑，你真的想要等到以后再购买这款设备吗？

买家的反应：

不。被你这样一说，等待就没有任何道理了。

请求成交的时机

你怎么知道买家在什么时候做好了购买的准备呢？这是令大多数销售人员、管理人员和培训人员感到为难的问题之一。这一重要问题的答案曾经是个谜。不过，当你将销售过程与大脑形成购买决策的方式对应起来时，就能确切地知道他们在什么时候会做好购买的准备了。答案就是，在满足了销售公式（在第三章中分享）之后。前面所讲的销售公式是：$BD=f(SW,ES)$。这一公式证明，购买决策（BD）是6个为什么（SW）和买家的情感状态（ES）的函数（f）。简而言之，它意味着如果有能力的买家——认可了6个为什么，并处于积极的情感状态下，那么就已经做好了最终认可正向的购买决策的准备。

请求成交的方法

请求成交无非就是请求买家对购买做出最后的认可。假设你已经赢得了所有的必要许诺，那么这个过程就非常直接明了了。

获得这一最终认可的推荐方法有两条。它们都得到了实践的验证，在真实的销售环境下行之有效。你可以决定哪一种最适合你的销售对话的风格和潜在客户的性格。

1. 运用成交声明：这是一种干脆的假设陈述，引导潜在客户做出正向的购买决策。其中一些例子包括：

· 接下来我们该……
· 我需要你签下这份合同。上面写着……
· 首先，我需要你签一份合约……
· 开始这一项目的首要投资是……

2. 运用成交问题：这是一个摆在买家面前，如果给出正面回答，就会带来正面的购买决策的问题。成交问题是简洁而直接的。到了销售的这一时刻，已经没有必要使用任何复杂的成交策略了，因为如果潜在客户已经一一认可了 6 个为什么，并处于积极的情感状态下，那么不请求他们购买才是不正常的。成交问题的例子有：

· 你想要拍板吗?
· 你准备好给我们的公司一个机会了吗?
· 接下来的步骤就应该是签订合同了，你觉得呢?
· 你想要我们把安装时间安排在什么时候?

将这一切用于实践

在开始将成交看作一系列战略性许诺时，你的销售过程就会变得清晰、专注而有目的性。多年来，我已经看到这一观念为许多人的销售效力带来了积极的转变。我培训过的一位销售人员利用战略性许诺让成交率提高了将近60%，他这样总结取得如此丰功伟绩的原因："许诺让销售得到了解放。实际上，只要赢得了许诺，一切就变得轻松无比了。"

我想我也不需要再多说什么了吧。

第九章
五大基于科学的销售演示策略

在整个职业生涯中，我已经进行了数千次的销售演示：有的时候是与一组买家面对面的对话；有的时候是与某一个决策制定者通电话。这些年来，有一件事情已经变得非常明显了：销售演示是很重要的。实际上，有许多证据表明，它们会给决策制定过程带来很大的影响。据研究和咨询公司瑟瑞斯决策（SiruisDecisions）称，买家将销售展示列为购买过程中最重要的因素之一。希拉里·朱拉（Hillary Chura）在《纽约时报》的文章《就像语言培训中的打电话一样》（*Um, Uh, Like Call in the Speech Coach*）就提到了这一点。她在文中引用了大量的例子，讲述销售演示如何决定募款请求的问题。

销售演示重要的原因在于，它们是传达销售信息（影响力的中央途径）的基本方法。买家对知识的需求将因此得到满足，从而让他们有信心——认可6个为什么。

然而，你曾经思考过什么因素能让销售演示更加有效吗？为什么有的演示能提高销量，而有的却会降低购买的可能性？有许多科学研究解析了大脑是如何判断一场演示是有吸引力和有说服力的，还是令人困惑和缺乏建设的。一旦开始运用这门科学，你就有能力以唤起购买行为的方式来进行演示。

下面这五大基于科学的销售策略将会教你如何进行销售演示。

1号策略：少其实是多

试试尽快解开下面的谜题：

一根球棒加一个球总价 1.1 元。球棒比球贵 1 元。那么球卖多少钱？

你的答案是多少？

面对这一经典问题的绝大多数人都会立刻得出结论说，球卖 0.1 元。然而，这是错误的。如果球卖 0.1 元的话，那么贵 1 元的球棒就应该是 1.1 元。那么两者总价就是 1.2 元。

读到这里，你可能已经发现，正确的答案是球卖 0.05 元，球棒卖 1.05 元，这样加起来就是 1.1 元。（如果你答错了，那也别灰心，有超过 80% 的大学生都给出了错误答案！）

为什么大脑会在没有计算，发现真正的答案之前，就自动地认为球卖 0.1 元呢？这一定与大脑的本性有关。为了保存脑力，大脑会做出一些假设，减少形成结论所需的认知精力。这就是为什么它会轻而易举地做出了球卖 0.1 元的推测。大脑几乎在没有思考问题的情况下就本能地得出答案。下面就来看看为什么。

虽然我们的思维的成就可以超越想象，但它们的认知资源也是很有限的。各种科学原理的研究已经证明，大脑在固定时间内只能处理少量的信息。一旦大脑处理的信息超过了大脑的承受界限，它对信息的认知掌握能力就会被严重削弱。

例如，伟大的认知心理学家乔治·米勒（George Miller）在发表于《心理学评论》（*Psychological Review*）上的著名的文章《神奇的数字 7，加减 2：我们处理信息的能力的一些局限》（*The Magical Number Seven, Plus or*

Minus Two: Some Limits of Our Capacity for Processing Information）中就讨论过大脑处理信息能力的局限性。米勒论证了大脑在同一时间只能掌握很少量的信息。这就是为什么电话号码（不包括区号）只有 7 位的原因。科学家认为，如果电话号码超过了 7 位数，记不住的概率就会高很多。

大脑面对的选择太多时，就很难做出购买决策，而销售就会因此受到拖累。社会科学家希娜·艾扬格（Sheena Iyengar）和马克·莱珀（Mark Lepper）在一场于美国加利福尼亚州门洛帕克的高档杂货店里开展的广为人知的实验中证明了这一点。研究人员搭起了一个品尝摊位，允许消费者试吃一系列果酱。在第一周，客人可以品尝 24 种不同的果酱。尽管许多人都试吃了果酱，但掏钱购买的只有 3%。而到了第二周，研究人员又来到了这家店。不过这一次，他们只提供了 6 种果酱给客人品尝。结果销量骤升了 9 倍！这一试验和其他实验都得出结论，限制选项的数量可以促进购买行为。

这是为什么呢？即便是像果酱这么简单的产品，只要数量稍微多一点，大脑就会失去评估的能力。当大脑到达认知的极限时，就会变得不知所措、迷茫混乱。这就会导致买家要么拒绝做出购买决策，要么在购买之后因为怀疑自己是否做出了正确的决定而烦恼不已。

例如，发表在《个性与社会心理学杂志》上的一项颇有启发性的文章研究了近 800 名员工对于公司赞助的 401(k) 计划的态度的影响因素。研究表明，当公司提供了繁多的投资选项时，拒绝参加 401(k) 计划的员工数量多到吓人。参与评估的一家公司只向员工提供了两种互惠基金的投资选择。尽管提供的选择非常少，但选择参加的员工比例却达到了 75%。另一家组织向员工提供了 59 种不同的互惠基金进行选择，但参与率只有 60%。总体参与率的分析表明，每增加 10 种投资机会，员工的参与率就会降低 2%。

　　类似地，许多销售人员经常会给买家提供过多的选择，以至于阻碍了销售演示的效力。他们误以为更多的选项可以帮助买家做出更好的选择。但是根据我们的观察，过多的信息会妨碍大脑做出决策的能力。

　　这就带来了一个更好地为买家提供服务的机会。当你开始减弱买家的大脑在接受和评估产品或服务价值时对认知能力的要求时，你就会获得超出竞争对手的优势。那么，你该如何做到呢？你只需为买家提供必要的信息，让他们能信心十足地做出正面的购买决策。事实证明，这会给销售带来质的变化。沃尔玛去掉了两个花生酱的牌子，结果花生酱的销量就上升了。宝洁（Procter & Gamble）也在一部分零售店铺减少了护肤产品的款式选择，结果已然在售的产品的销售额都提高了。

　　实际上，关于这一策略所能带来的变化，我最喜欢举的是销售人员小蒂的一个例子。在我认识她的时候，她已经在雇主手下做了两年的销售。虽然她很热情地为客户提供服务，但销量成绩却并不出色。她坚定地向我表示，客户最喜欢的就是拥有大量的选择，可以定制产品来满足确切的需要。我请她解释一下，她就微笑着掏出了 iPad，让我浏览了 100 多种看似几乎没什么差别，实则并不相同的选择。"你在演示时展示了哪几种呢？"我问道。她满面笑容地说道："当然是全部啦。"我不知道该说什么才好。光是看了一眼她的展示，我就觉得眼花缭乱了。无法想象她的客户在漫长的销售演示结束后还不得不在如此繁杂的款式中做出选择是种什么样的感受。我循循善诱地向她解释，将这些选项全部摆出来其实是在扼杀她的销售机会。接着，我建议她找出较受欢迎的 4 种选项，并在买家面前只拿出这 4 种。如果客户需要了解得更多，那么可以将他们不感兴趣的选项替换成其他的，但是绝对不可以一次拿出超过 4 种。她不情愿地同意了，开始照我的建议做。后来她告诉我，客户对她所展示的选项很满意，几乎没有人需要再看第 5 种款式。最能说明问题的就是，她的销量成绩提高了将近 30%。

如果你和我培训过的许多销售人员一样，那么时间一长，在销售演示中所积累的信息就会越来越多。我建议你回顾一下自己的销售演示，问问自己，有什么可以删掉吗？你分享的信息是不是太多了？仔细思考买家要有信心地做出正向的购买决策，需要的是什么。任何除此之外的东西，不必再考虑。之所以采取这一方法将会提高演示的效力，是因为大脑接收的信息越少，处理信息的效率就越高，从而做出购买的决定就越快。

2 号战略：设定基准

30 年来，约翰尼·卡森（Johnny Carson）的《今夜秀》（*The Tonight Show*）一直是电视界的一块珍宝。卡森的一场采访在销售和市场营销行业取得了几乎神话般的地位。那场采访的对象是创下销售最多"女童军（Girl Scout）饼干"记录的"饼干女孩"。全过程差不多是这样的：

约翰尼·卡森在采访中首先提问："你的成功秘诀是什么？"令所有人吃惊的是，她回答道："我会询问人们是否愿意捐 30 000 美元给女童军。"卡森哈哈大笑接着问道："人们听到这话是什么反应？""不行！"这个小女孩说道，"但是接着我就会问他们，'那你能至少买一盒女童军饼干吗？'"

这一幽默的说明表明，一旦人们将 30 000 美元捐款的较大的请求与购买一盒饼干的小请求进行比较，就几乎无法拒绝后者了。后者的说服力如此之强的原因就在于被称为设定基准的极具影响力的捷思（心理捷径）。

设定基准是大脑本能地建立起来的、有助于进行快速判断的参考点。基准一旦成形，就会产生偏见，改变大脑看待后续信息的方式。换句话说，大脑将基准作为起点，将新的信息与之进行比较。

例如，买家怎么知道你的产品或者服务的定价是否公平，是否合适呢？他们会将其与别的进行比较。也许他们会将其与从前买过的东西、竞争对手的价格、潜在的投资回报或者印象中的其他东西进行对比。这些都是他们用来评估价格的基准。

基准如此强大的原因在于，它们是自然而然、无意识地发生的。因此，人们严重低估了基准对他们所产生的影响。即使是包含明显无关信息的随机基准也可能产生偏见，对价值观造成事关重大的影响。我们来看看下面这场由三名行为经济学家领导的研究实验。

研究人员请参与者报出社会保险号码的最后两位。接着，他们又请参与者说出愿意为各种各样的产品支付的价格，例如键盘、红酒、巧克力和图书。令人惊奇的是，社会保险号码末尾数较高的人的出价是较低者的整整三倍！

另一个毫无关系的基准对购买行为产生影响的例子发生在一家开展坎贝尔汤罐头促销活动的超市里。在促销活动的某些日子里，人们会看到一条写着"每人不限量"的提示。而在其余的日子里，这条提示被改成了"每人仅限12份"。这一限制就形成了基准，导致购物者购买的罐头数量是不限量日子里的两倍。

在销售演示中，你应该对自己提出的基准留一万个心。我见到过一些销售人员，他们分享的故事或陈述传达了较低的基准。事实上，较低的基准能降低产品或服务的价值，对销售造成破坏。

然而，设定基准还会带来另一方面的影响——改进销售演示的效力。科学告诉我们，如果你提出新的基准，或者改变原有的基准，那么就能改变潜在客户对产品或服务的价值和价格的看法。下面就让我来解释一下该怎么做。

◇ 设定基准能提高销售价格

尽管设定基准可能听起来像是个新的概念，但作为消费者，你已经对它习以为常了。许多餐馆都将酒品菜单上的价格定得虚高，因为他们知道，这会激励客人购买超过通常价位的酒。价格虚高的酒形成了基准，让价格较低的（但依然算贵的）酒看起来像是更有利的选择。再举个例子，有一家流行的电子产品制造商发现，定价最高的耳机滞销的情况在推出了价格更高的新款式之后就得到了缓解。

就连慈善组织都利用基准来增加捐款。许多组织都会提供多个捐款数额供人选择。如果慈善组织提供了例如 75 美元、100 美元、300 美元或者 500 美元的一系列选项，那么比起 5 美元、20 美元、50 美元或 100 美元的选项，你更有可能会捐出更高的数额。

基准对于捐款有多大的影响呢？当研究人员询问潜在捐款者，是否能捐款拯救遭遇海上溢油的海鸟时，提供的选项要么设定一个 5 美元的基准，要么设定一个 400 美元的基准，要么完全不设基准。基准所造成的差别令人错愕。面对 5 美元基准的人的捐款额中位数为 20 美元，而没有被设定基准的人平均贡献了 64 美元。最令人称奇的反馈来自面对 400 美元基准的人。这一组的平均数额为 143 美元，比低基准组的高出了 6 倍以上。

因为基准是大脑自然形成的，所以能影响到每一个人，甚至包括那些你以为毫无漏洞的人。有两名行为科学家领导了一场富有创见的实验，分析了基准对经验丰富的房地产中介所产生的效应，从中我们就可以找到一个很好的例子。在邀请中介对一间房子进行评估时，有些中介看到的价格较低，而有些中介看到的价格高得多。如研究人员所料，看到较低基准的中介对房子的夸奖要比看到较高基准的中介少了许多。

这一研究更有意思的地方在于，当询问这些中介是如何得出房屋的价值时，所有人都否认自己受到了在评估之前所看到的价格的影响。这就表明，人们对于基准对决策制定过程的影响知之甚少。

◇ 如何在销售演示中设定价格基准

到目前为止，我们已经很明显地看到，基准会影响大脑对价格的看法。那么，你该在销售演示中如何运用它呢？下面就来看看我的一名客户是如何利用基准来提高价格，同时增加销量的吧。

在这名客户所处的行业里，潜在客户的价格期望往往非常不切实际。为了应对这一点，我让他们在销售构成中加入基准。于是，在销售演示的前期，他们就会提到价格的事情（买家都极其渴望讨论的话题），然后向买家提供两个可信度很高的独立来源，详细说明他们所考虑的项目的正常成本。随后，他们会解释为什么这个项目需要这些钱。其结果是，到了销售末期给出报价时，他们就几乎不会遇到什么阻力了，因为买家会将其与已经建立起来的基准进行对比。买家对获得的价值的理解，加速了他们的购买决定。销售人员的业绩也由此得到了提升。

在与未来客户谈判时，也应该使用基准。实际上，因为基准强大的心理学力量，所以像哈佛商学院的迪帕克·马尔霍特拉（Deepak Malhotra）和马克斯·巴泽曼（Max Bazerman）这样的谈判专家都建议我们应该一直尝试建立基准。如果你的谈判对象抢先设立了基准，那么保护自己最好的办法就是大胆地拒绝它，然后将注意力集中在新的基准上。所以，如果在开启交易谈判时，对方首先虚报了一个低价，那么你就要立刻将对话转移到一个更有利的基准上，比如如果不成交的话，会对另一方面带来什么样的成本。

你还能在什么时候利用基准呢？答案是在对方提出报价之前。在这个时机，你可以再次提醒买家从你的产品或服务中所得到的投资回报率，或者大致地说明其他人为规模更大的、成本更高的项目支付的价格。事实证明，在销售的这一阶段运用基准可以大幅提高成交率。

行为科学家杰瑞·伯格（Jerry Burger）所领导的一项研究就发现了这一点，他们的分析表明，在公布价格时设定基准可以提高销量。在其中一场实验中，他设置了一个杯子蛋糕摊位。当蛋糕售价为75美分时，购买率为44%。然而，当伯格改变了价格的呈现方式，告诉潜在客人这些杯子蛋糕从前要卖1美元，而现在仅售75美分时，销量就迅速蹿升。

应用小练习：为朋友提建议

想象一下，有一位刚刚踏上销售职业道路的朋友想听听你的建议。他说他刚刚获得了一份男士服装店的工作。虽然许多客户都是来买西装外衣的，但他们也需要一件正装衬衫和领带。他想知道，当买家来到店里，需要这三样东西时，他应该按照什么顺序来进行展示。

当我一开始在销售研讨会上提出这一问题时，还没有学过设定基准这一技巧的销售人员给出了五花八门的反馈。而一旦你了解了基准效应的作用，那么答案就很明显了：这位朋友应该先将最昂贵的选择（西装外套）拿出来。

如果一个人同意花 1 200 美元买下一件外套，那么 150 美元的衬衫和 70 美元的领带就根本算不上什么钱了。这是为什么呢？尽管价格没有变化，但第一件商品形成的基准会决定买家对后续商品和价格的看法。如果没有首先拿出价格最高的商品，那么形成的基准就会妨碍你，降低你的销售能力。

3 号策略：模仿

在前言中，我分享过与一位名叫老毕的同事之间的一场对话。这场对话改变了我的职业轨迹。我们讨论的就是某一种销售策略的优点——模仿。他认为这是一种过时的销售伎俩，而我相信它依然宝刀未老。当时，我还无法证明自己的观点，因为我拥有的只是经验之感。直到后来，在学习了影响力的科学之后，我才发现了大量数据证明，模仿是一种富有成效的策略，能够改善销售演示的效果。

什么是模仿？可以从这个角度来理解：如果你看到有人在打哈欠，你也会打哈欠。这是为什么呢？如果你看到有人伤心欲绝，你也会切实地感受到他的痛苦。这是为什么呢？是什么让其他人的体验给你带来类似的感觉呢？

这些问题的答案都可以从被称为模仿的一种强有力的行为中找到，即一个人效仿另一个人的语言或者非语言行为的某些方面。

大量的科学证据证明，模仿可以提高影响他人的能力。例如，发表在《心理学科学》（*Psychological Science*）上的两项不同的研究得出结论称，模仿能大幅促进亲密关系，提高人们对劝诱信息的接受程度。

这还不够。另有研究发现，当你模仿他人的行为时，会引起同一性的感觉，从而激发信任和培养喜爱之情。社会心理学家道格拉斯·肯里克、史蒂文·纽伯格（Steven Neuberg）和罗伯特·恰尔迪尼（Robert Cialdini）对模仿的这一方面做了总结，他们写道："当我们暗暗地模仿他人的非语言行为时，就会让他们更喜欢我们"。

众多研究都得出结论，模仿会让你更深刻地意识到他人的看法。据神经科学家迈克尔·加扎尼加（Michael Gazzaniga）、理查德·伊夫里（Richard Ivry）和乔治·曼根（George Mangun）称，模仿的过程不仅会帮助你理解其他人在想些什么，而且会提高大脑识别他人的情感状态的能力。

确切的证据表明：模仿会增强你令人信服地表达想法的能力。威廉·迈达克斯（William Maddux）带领的一支行为科学家团队开展了许多实验，寻找模仿在商业环境下所产生的效应。在其中一项实验中，科学家安排工商管理硕士（MBA）学生参加一些谈判的练习。他们告诉一些学生，在谈判过程中应该不动声色地模仿谈判对象的语言和非语言行为。之后发生的事情令人非常意外。没有采取模仿策略的学生谈判成功的比例只有12%，而与之相反，模仿了谈判对象行为的学生能够取得67%的成功率。

迈达克斯的研究发现并非个例。另一项发表在《消费者研究杂志》上的启发性研究分析了模仿对销售产生的效应。该研究发现，当销售人员模仿买家的行为时，买家对销售人员和产品或服务的评价会更高。

《哈佛商业评论》提到过一场心理学实验，研究人员对销售人员推销一款电子设备的成交率进行了分析，其结论也指出模仿在销售环境下的强大力量。被销售人员模仿了行为的买家的购买率为79%。而在没有模仿买家行为的情况下，买家的购买率只有62%。模仿让这些销售人员的成交率增长了17%！

◇ 模仿和人类的大脑

模仿是如何生效的呢？模仿之所以有这么强的影响力，原因在于人类大脑的工作方式。神经科学家主张，大脑中含有所谓的"模仿神经元"，它们就是人们本能地模仿他人的行为的原因。

模仿神经元最早是由知名的神经科学家贾科莫·里佐拉蒂（Giacomo Rizzolatti）带领的一支意大利研究团队发现的。科学家们在猴子身上进行研究时，发现猴子会程式化地模仿它们所看到的行为。例如，当人类管理员吐出舌头时，猴子也会吐舌头。里佐拉蒂和他的团队对此很感兴趣，想知道是何种大脑功能让猴子产生了模仿人类行为的能力。这个实验让他们意识到，猴子的大脑中存在一些神经元，能让它们模仿所看到的行为。研究人员甚至确认，猴子大脑中的这些模仿神经元不仅在猴子抓起某样物件时会被激活，而且在猴子看到人类抓起相同物件时也会被激活。

里佐拉蒂的观点引发了神经科学界的一轮研究热潮，大家都想确定人类的大脑中是否也存在模仿神经元。经过多年的分析，神经科学家们得出结论，在人类大脑，尤其是运动前区皮质中，确实存在模仿行为的特定类型的神经元。人类大脑含有模仿神经元的发现意义重大。一位神经科学家甚至称其为"过去数十年来最吸引人的科学发现"。这一发现对于如何理解人类的社会互动也有许多重要的意义。

模仿神经元是让人类大脑识别他人意图，并进行观察学习的根源。它们也解释了人们为什么常常会无意识地模仿其他人的语言和非语言行为。人类大脑这种模仿行为的先天倾向在社会心理学家谭雅·沙特朗（Tanya Chartrand）和约翰·巴奇（John Bargh）的研究中表现得就很明显。在他们最有启发性的一项实验中，他们安排一位协助者随机坐在一个人旁边，不时地摸摸脸或者抖抖脚。令人称奇的是，在没有任何意识的情况下，人们就会模仿他们所看到的这些非语言行为。迈克尔·麦卡斯基（Michael McCaskey）在《哈佛商业评论》的文章《管理人员发送的隐藏消息》（*The Hidden Messages Managers Send*）中就提到了模仿反射。他写道："在非常亲密的时刻，两个人就可能发展出不同寻常的非语言交流模式。两个人会互相模仿对方的动作——在同一时间把手放下、扭转身体。"

另一项发表在《社会心理学季刊》（*Social Psychology Quarterly*）上的研究分析了学生在教室里的姿势。该研究指出，学生的姿势与老师的越像，他们的亲密感和参与度就会越高。

不仅如此，引人注意的是，当一个人与另一个人处于非常亲密的关系时，大脑中的模仿神经元就会自动被激活。这是一个很重要的见解，即通过模仿他人，你就能激活他们大脑中的模仿神经元。这将会强化亲密感和接受度。

你可能觉得，人们肯定能注意到别人在模仿。然而，在关于模仿的研究中，有一件事情惊人的一致，那就是人们几乎都察觉不到自己的行为被模仿了。因此，模仿是自然发生的事情，是切实地扎根于大脑之中的，它给人的感觉是恰到好处的。

◇ 应该模仿的 4 种行为

模仿是一种强大的说服工具。你可以用模仿来提升销售业绩。模仿下面这 4 种行为将会对你的销售演示带来最大的影响。

1 号行为是模仿买家的姿势：如果买家靠着椅背，小心谨慎地听着你的演示，那么你也应该稍微向后靠一点，模仿他的肢体语言。这将表现出与对方相似的视角，从而帮助你与潜在客户结为盟友。

2号行为是模仿买家的手势：大部分买家都有自己偏爱的手势。你注意到他们的手势风格时，就可以尝试展现类似的手势。这种简单的动作会增进亲密关系，并提高他人对你的信服力。

关于模仿的说服能力，最吸引人的心理学实验之一出自心理学家杰里米·拜伦森（Jeremy Bailenson）和尼克·仪（Nick Yee）之手。研究人员请一群大学生依次进入虚拟环境，坐在一个虚拟的人造角色对面。这个角色会发表一段规劝之词，说应该要求大学生在校园内随身携带学生卡。在半数的对话中，虚拟角色会延迟4秒模仿参与者的头部动作。也就是说，如果对面坐着的学生点了点头，那么在4秒之后，虚拟角色也会点点头。而在其余半数对话中，虚拟角色并不会模仿学生的头部动作。在试验的最后，每个学生都要评价自己对虚拟人物的喜爱程度和演讲的说服力。尽管所有的学生听到的演讲都完全相同，面对的虚拟角色也毫无二致，但那些被模仿了头部动作的学生表示，他们更加喜欢那些模仿他们的角色，而且他们认为，这些角色传达的信息更有说服力。

3号行为是模仿买家的语速：科学研究已经发现，当请求者的语速和自己的相仿时，人们就更容易听从请求。这是因为，人们普遍都喜欢听语速与自己相同的话。如果未来客户说话很慢，那么他听一个快言快语的销售人员讲话，可能就会心烦意乱。只要将语速调节到与买家一致，你就能更好地培养亲密关系，并发挥有效的沟通。

4号行为是模仿买家的用词：你会发现买家对某些字词情有独钟。你可能还会注意到，他们在描述问题的某些方面或者渴望的解决方案时反复地用到了同一个词。模仿他们的用词可以提升你的沟通能力，让潜在买家更容易感同深受。在模仿客户的用词时，你其实就是在使用他们的语言。

瑞克·范·巴伦向我们展示了一个极好的例子，证明模仿他人用词的强大之处。他研究了语言模仿对于服务员赚到的小费金额会产生什么样的影响。他的研究发现，当服务员重复客人的用词时，得到的小费提高了68%。

现在已经无须争论：科学已经证明，模仿是一种源自人类大脑工作原理的有效的销售策略，能促进亲密关系、提高影响力。模仿的过程本身可以帮助你将注意力集中在应在的地方，即别人。

4 号策略：图优效应

提到纽约，你会想到什么？到处都是出租车的繁忙街道？自由女神像或者帝国大厦？时代广场？还是完全不同的其他东西？你的答案取决于过去的经验和你对纽约的印象。通常来说，浮现在你脑海中的并不是字词，而是画面。你的大脑会描绘出某个代表纽约的东西。

这让我们对大脑的内部工作方式有了新的见解——大脑并不是用文字思考的，而是用画面思考的。神经科学家约翰·麦地那解释说："我们的大脑皮质根本不存在什么文字。"人类的大脑遇到文字的时候，就会将这个文字联系到对应的画面上。科学家们给这个观点起了个名字：图优效应（picture superiority effect）。

因为大脑是以图像的形式进行思考的，所以处理和记住图像要比文字更加容易。因此，通过以图像的概念来解释、学习和记忆的效果就会更好。这一事实已经得到了许多科学研究的验证。其中一则研究来自教育心理学家柯尔斯顿·布彻（Kirsten Butcher），并被发表在《教育心理学杂志》（*Journal of Educational Psychology*）上。该研究证明，相比只有文本的情况，在同时使用文字和视觉图解时，人们能更轻松地学习复杂的数据。认知心理学家理查德·梅耶（Richard Mayer）和洛克珊娜·莫雷诺（Roxana Moreno）的说法也呼应了这一观念，"以文字和图片的形式来解释的效果要比光用文字的好"。不仅如此，约翰·麦地那也表示赞同："相比图片，文字和口头表达记忆特定类型信息的效率低了很多。如果用口头方式表达信息，那么在 72 小时之后测试发现，人们大约只能记住 10%。如果加上图片，那么这个数字就能提高到 65%。"

你该如何利用图优效应来改善销售演示呢？你得确保演示主要由图片组成。不要光靠嘴巴来解释概念，而应该拿出一张阐释概念的图片，然后照着它来解释。这会增强客户吸收和记住你的想法的能力。

我还记得曾经目睹过一场演示，那个人的 PowerPoint 演示文档中除了文字就没有别的东西了。而且他还把这些幻灯片原原本本地念给观众听。他不仅无法让听众参与进来，而且演示本身也乏味而无趣。更严重的问题在于，他让自己显得毫无用处，因为在场的每一个人都能自己阅读幻灯片上写的内容。

如果你在销售演示中要使用幻灯片，那么我建议尽可能地少用文字。另外，你要评估一下自己的演示能否帮助客户轻而易举地对你所分享的概念有一个形象的认识。你是否使用了生动的配文图片和纯图片来解释你的想法？你可以在这方面作何改进？认真思考这些问题是至关重要的，因为大脑越是能轻而易举地理解你所演示的信息，买家对你和你的信息的回应就越是积极。

5 号策略：讲故事

每个人都喜欢听故事。不管是看电影、读小说，还是听朋友讲工作中发生的事情，我们都会觉得故事有趣而且很有说服力。从古至今，领导者们都曾利用故事来传达思想。但是，是什么让故事如此令人着迷呢？

如果你问南加利福尼亚大学的行为科学家、名誉教授瓦尔特·费舍尔（Walter Fisher），为什么故事有这么大的影响力，那么他就会给你分享他称之为叙事范式（narrative paradigm）的研究。该研究描述了大脑是如何将信息组织到故事中的。费舍尔表示，人们会以一系列持续进行的叙事来解读经验和理解生活，例如冲突、角色、开始、中段和结束。神经科学家路易斯·科佐林诺（Louis Cozolino）和苏珊·斯普罗凯（Susan Sprokay）也赞同这一观点。他们的研究发现，大脑所创造的故事具有很强的影响力，而且能决定对人和事采取什么样的反应。例如，买家会本能地在脑海中想象你、你的公司，以及你的产品会给他们带来什么影响。换句话说，人们并不是在购买你、你的公司、你的产品或服务，而是在购买你给他们营造出来的像故事一样的体验感。

因为大脑的思考离不开故事，所以你就有了一个选择：要么你向买家提供值得相信的故事，要么盼望他们能自己编造出准确且有利的故事。这就是为什么增加一些精心设计的故事就能让每一场销售演示增色不少的原因。任何成功运用这一方法的销售人员都会告诉你，这一招有助于赢得销售。在自己的销售职业生涯中，我就发现它们是极其有效的销售工具。很多购买过我销售的产品的买家曾对我说，他们之所以购买，是因为我讲的故事打动了他们。但是，在我们详细解释如何创造强有力的故事之前，我需要分享另一条信息：故事能唤起强烈的情感反应。

故事能刺激情绪，而且有时是很强烈的情绪。因此，它们能够改变情感状态，并吸引人们的注意力。领导学专家杰伊·康格赞成地说："虽然数字并不能产生情感上的影响力，但故事和生动的语言可以。"有的时候，讲故事是唯一能够触及屏障最厚、敌意最强的买家的手段。

故事的非同寻常之处在于，大脑处理它们的方式与处理事实或者价值主张的不同。在面对数据时，你的大脑会分析其有效性，而在面对故事时，你的大脑并不会经历相同的评估方法。故事所唤起的情感会导致大脑在解读时减少分析的元素，增加情感的元素。这就是为什么你在看电影时，明明知道这些角色都是演员饰演的，故事也是虚构的，但还是会产生情感上的反应。

故事也具备黏性。因为故事所产生的情感反应常常会导致大脑释放出多巴胺，而多巴胺能增进记忆力，所以故事更容易被人记住。斯坦福大学开展的一项实验发现，在听了一系列演讲之后，有63%的学生记住了演讲者引用的故事，而只有5%的学生记得同一场演讲中的任何统计数据。

也许在关于故事的发现中，最重要的一点是，大脑其实会在故事的讲述过程中对它进行重构。普林斯顿大学的研究人员以两名对象为一组对大脑活动进行了监控，其中一人讲故事，而另一个人听。研究人员注意到，两类参与者的大脑神经活动是同步的。当说故事的人一边讲述一边构思时，听故事的人在倾听时会在脑中重新创造，且他此时的大脑活动与前者是相同的。神经科学家将人们这种在精神中形成的，对于在现实生活中没有见过的行为、想法或状况的想象称之为"心理意象"（mental imagery）。我在第八章中就分享过，心理意象是说服力的一个强大元素，不过前提是你知道该如何正确地运用它。例如，一项为期40年的研究表明，一个人越是能轻易地想象出做一件事的情景，他实际去做的可能性就会越高。反之，人们想象一种行为的难度越大，努力实现它的可能性就越低。

这项研究为如何讲好故事提供了一个重要的见解——任何妨碍买家把故事想象出来的东西都会妨碍故事的影响力。那么，你该如何说出有影响力的故事，让大脑能轻易消化吸收呢？下面是强而有效的故事的6个基本组成部分：

1. 删除一切不必要的或者偏离主题的细节

我看到销售人员在分享故事时最常犯下的错误之一，就是在其中堆砌不必要的细节，让大脑的注意力偏离故事的重点。

我在几年前开展一场销售研讨会时就遇到过这样一个例子。在研讨会上，每个人都要创造并在小组里讲述一个故事。在每个参与者说完自己的故事后，小组都要提出改进的建议。其中一名参与研讨会的销售人员讲述了关于过去一名客户得很精彩的故事。她讲得异常出色，不过其中一句话却像是一盏闪烁的霓虹灯那样格外地突出。她说有一个买家"脸色紧绷得像是一张树皮"。在其他参与者为她提供反馈意见时，每个人都提到这句话有多么精彩。有个销售人员说，他过去从来没听到过这样的话，而将来也永远不会忘记它。一位销售经理提到，这句话紧紧地抓住了他的注意力，以至于他都开始好奇是不是每一棵树都有树皮。在小组成员都提出反馈之后，就轮到我提出反馈了。在说了她做得比较好的方面之后，我建议她把这句话从故事中删掉，因为这句话令故事的叙述相形失色，让每一个人都转而思考这句话，而不是这个故事的真正重点。

我建议你在创造故事时考虑一下，有没有什么东西会将注意力从你尝试传达的核心信息中转移出去。你应该保持故事的简洁，不遗余力地删除任何可能令人分心或者没有必要的细节。

2. 故事的角色要与买家相似

相似性能催生信任感。我们更容易相信与我们相似的人。同样的道理，多名社会心理学家所开展的研究证明，故事中的角色与倾听者越是相似，故事对他们所产生的影响力就越大。

角色与买家的相似程度越高，买家就越能轻而易举地在脑中形成想象出故事的模样。例如，总经理级别的人更容易与关于另一个总经理的故事产生联系，而不是关于某个人力资源经理的故事。罗伯特·恰尔迪尼对这一领域的科学研究有此总结："科学也认同大部分销售专业人士已知的一个道理——当满意客户和未来客户的处境类似时，前者的推荐能产生最好的效果。"

你可以准备一些故事，并将这些故事用在合适的买家身上。这就要求你花点时间去准备。你可以去采访从前的客户。此外，快速开发出许多优质故事的最有效率的方法之一，就是与同事交流他所分享的故事。我发现，大部分组织都有许多很好的故事，只不过从来没有人去总结并分享它。所以，销售人员只知道其中的一小部分。一旦你开始与团队成员合作，就会发现自己在销售演示中所能运用的故事瞬间就充实了起来。

3. 用引人注目的开场白吸引听众

故事开始的方式会影响听众的接受方式。大脑在最先呈现的事物和之后呈现的事物中，更容易受到前者的影响，这一原理也就是我们所说的"首因效应"。因此，故事的开头应该把买家的注意力吸引过来。买家会据此形成对故事的初始判断。这一早期的评估是很重要的，因为研究表明，听众会通过最初接收的观点来看待故事的其余部分。

关于首因效应，最著名的一项研究来自行为科学家所罗门·阿希。他让参与者阅读关于一个名叫约翰的男人的描述，然后让他们指出对约翰的印象。有些人看到的是一个版本的描述，还有些人看到的是另一个版本。请阅读下面这两段描述，评价一下这两段描述分别让你对约翰产生了什么样的印象。

描述1："约翰是个聪明、勤劳、冲动、挑剔、顽固而善妒的人。"

描述2："约翰是个善妒、顽固、挑剔、冲动、勤劳而聪明的人。"

果不其然，那些读了第一段描述的人对约翰的印象要比读了第二段的人的更好。首因效应告诉我们，因为第二段描述是以负面形容开始的，所以对约翰的看法就会偏向消极。

在开始讲一段故事、做销售演示或者展开销售对话时，你一定要确保让首因效应站在自己这一边。在讲故事时，要认真地创造令人产生兴趣的开场白。当你在说完开场白后一言不发时，你能够让买家产生例如"后来呢？"的反应。

你可以采用许多策略来提高故事开头的吸引力。下面是我推荐的3种：

·让开头与买家形成联系：没有什么能比告诉买家"有个客户与他们完全一样"更能吸引他们的注意力的了。在开头时，你可以像这样说："你让我想起了一个客户：比尔·史密斯（Bill Smith），ABC公司的运营副总裁。比尔也说过和你一样的话。"

·用煽动性的语句开场："你们组织内部的人员流动这么厉害，是个很严重的问题，不过我们可以解决它。比如，有一家公司来找过我们，他们也有类似的情况……"或者"购买我们软件的人有 89% 都表示，他们的运营成本降低了至少 22%。比如其中一名客户……"

·解释产品或服务能够如何满足买家的某一个基本购买激励因素。之前已经说明过，基本购买激励因素 3 种：主导性购买动机、买家的问题和购买需求。未来客户的基本购买激励因素是他们所重视的东西。如果你的故事能提到其中一点，那么立刻就会得到对方的重视。在开场白中有许多方法可以实现这一点。举个例子，"你刚才提到对于任何解决方案，有一个需求就是要能够在 30 天内开始工作起来。我们完全可以满足这一需求。例如，当XYZ 公司投资我们的软件时，他们也有类似的需求，只不过他们想要在更短的 21 天内完成软件的安装……"

1. 让角色说话

引用故事中角色的话。这是让故事变得生动起来的最重要的方法之一。当你让角色开口说话时，故事就会变得生动起来，买家也就更容易被你的故事吸引，并不自觉地将自己代入到故事中。不仅如此，角色之间的对话也会增强故事的吸引力。比较一下描述同一事件的这两种方式之间的差别："约翰直勾勾地盯着我的眼睛，说，'我绝对不要这样'"和"约翰告诉我他不要这样"。

第一种选择更加生动和直接，因为角色是自己在说话。你可以感受到他的情绪，并转而在你心中产生对应的感受。这将提高听众的参与度和你所讲的故事的影响力。

2. 总结要明确

好的故事总有一个一锤定音的结局。这是为什么呢？因为，故事的结束方式通常决定了人们会如何记住它。大受好评的演讲教练帕特丽夏·弗瑞普（Patricia Fripp）将这种现象总结为"末句绕梁"（Last words linger）。

不仅如此，结局还必须能解答故事中所产生的一切问题。如果你无法连贯地给叙述画上一个句号，那么正在重构故事的听众的大脑就无法得出一个结论。这将会妨碍故事的影响力，因为听众的注意力会被分散到没有得到解答的某个问题上去。任何故事的长期影响力都取决于一个明确、可信的结局。

3. 故事只能传达一个中心思想

你的故事的中心思想是什么？你想要让潜在客户接受的新的信仰或者行为是什么？你所说出来的每一个故事都应该以传达某一个想法为目标。记住这一点，因为大脑在对故事进行精神重构时，也在解析其中的含义。如果你不能清晰地向听众解释这个故事的意义是什么，那么他们就不得不自己琢磨出一个来了。

虽然直接告诉别人你所说的故事的意义会显得很奇怪，但如果你的叙述能让潜在客户的大脑成功重建整个故事，那么他们就会处于一个欣然接受的状态。

既然我们已经讨论了如何构筑引人注意和行之有效的故事，那么接下来就把它们运用起来，看看如何在实际的销售演示中加以运用吧。为此，我想要与你分享一个故事，其中体现了有效的讲故事方法的 6 个组成部分。

故事案例

情境：想象你是商业装修行业的一名销售人员。你的客户是旅馆、度假村和饭店。在这次销售对话中，你要与一家大型连锁旅馆的决策制定者交谈，他们的许多旅馆都需要更换浴缸。你所专注的独特价值是，你的浴缸提供5年的人工和物料质保。这大大超越了大部分竞争对手，因为竞争对手通常仅提供1年的人工质保。在分享了这一信息后，你决定采用一个故事来打动你的客户。下面就是这个故事。

故事：大部分装修商只保障1年的人工费，这已经给许多旅馆带来了切实的问题。例如，我们有个客户在购买我们这套漂亮的浴室系统之前，请了另一家装修商在她的旅馆里安装了100多个玻璃纤维的浴缸。在安装这些浴缸的2年后，已经有超过40%的浴缸出现了裂纹。还记得我们说过玻璃纤维浴缸容易开裂吗？没错，情况就是这样的。

这个客户打电话给装修商，说："还记得我吗？大概在2年前你们帮我安装了一批浴缸。现在有许多都开裂了。我该怎么办？"

他们说："这个，我也不清楚。你可以试试打电话给制造商，看看还有没有在保修期内。"

于是她就照做了。她找到了制造商的信息，打电话过去。在接通了电话以后，那名公司代表查询了浴缸的保修信息，说："恭喜你！我们的记录显示，这些浴缸有3年的质保，而你现在买来才2年多一点而已。我们会全权负责处理！"

她说："那太好了！"然后挂了电话。她告诉我们她在一周后收到了一个快递。你猜她到装货码头看到了什么？没错，40多个浴缸！

于是她又打给了原来的装修商，说："浴缸还在保修期内，他们把新的发给我了。你能过来安装吗？"他们派了几名安装工，走访了每一家旅馆，拆除并处理了所有破裂的浴缸，然后把新的装了上去。在完工时，你猜他们有没有要求她付钱？当然啦！这活儿可不轻松啊。我之所以把这个例子分享给你，是想告诉你，如果选择这种有限的 1 年期的保修，那么一旦出了什么问题，都得由顾客承担成本的冲击。我觉得这样做是不对的。你说呢？

讲故事小练习

虽然你可以创造各种各样的故事，但我们还是从能够给销售演示带来直接影响的故事（关于从前客户的故事）开始吧。这些故事之所以很有说服力，是因为它们展示了其他人在购买了你的产品或服务后得到的积极结果。它们也会让买家展望未来，体会在成为客户之后所能得到的结果。

回忆从前某个从你的产品或服务中获得有意义的结果的客户，然后仔细思考下面这几个方面，为你的故事建立一个大纲：

1. 客户在购买之前面临的问题；

2. 他们是如何决定选择你的解决方案的（包括他们有过的任何怀疑和相应的化解过程，并选出许多未来客户可能也有的顾虑）；

3. 购买后的结果。

销售的引爆点

销售演示常常是任何销售过程中的引爆点，是推动买家朝你靠近的一股力量。通过结合我在本章中与你分享的 5 大基于科学的策略，你与买家的交流方式就能与他们大脑处理信息的方式保持一致。

第三部分

科学销售必将成为未来趋势

第十章
销售的未来

关于人类行为的科学研究正在蓬勃发展。它正通过无数的方式给我们的工作和生活带来积极的改变。比如，我们已经看到它提高了退休储蓄金、促进了献血、支持了节能、阻止了青少年混迹帮派，还帮助了人们减肥。就连政治家们都已经意识到，这门科学所带来的见解极其重要，不容忽视。

贝拉克·奥巴马（Barack Obama）曾拜访过心理学家和行为经济学家，并借助他们的力量赢得总统竞选。英国政府和美国政府也都在利用行为科学为公民提供更好的服务。实际上，经济和社会研究理事会（Economic and Social Research Council）公布，有 136 个不同的国家已经在公共政策的某些方面运用了行为科学。除此之外，学校、经济学家、法律组织、市场营销人员和公司也都开始利用它来促进自己的事业。然而，这门科学在任何领域的影响力都不可能比在销售界更大了。

我们已经在本书中看到，各种各样的研究已经清晰阐明了能让任何销售组织改善成果的实践方法。我们现在对促进购买决策的行为有了丰富且不断增进的认识。我们再也不需要猜测那些销售精英比普通人强在哪里了。

如今，我们拥有了无可比拟的机遇：我们可以确确实实地定义这个职业的未来了。就像其他拥抱科学的学科一样，销售也将发生积极的变化。因为销售人员开始根据大脑受到影响和做出决定的天性来开展销售，所以就能以更有意义和有帮助的方法来为买家提供更好的服务，从而提供销售增长的动力，并引领销售职业走入一个繁荣兴旺的新纪元。

基于科学的销售现在已成为现实。但这对于你和销售职业而言又意味着什么呢？随着这些策略开始流行于销售界，会出现什么样的变化呢？我预测在不久的将来会发生三大重要的改变。

1号改变：销售的真理将会占据中央舞台

在本书的前几章中，我通过事实解释了为什么应该将科学视为销售真理的来源。什么是销售真理呢？那就是你如何判断在销售中应该利用什么样的行为。从这个角度来思考：当你发现了一种新的销售策略时，该如何知道它能否帮助你获得更多的销售业绩呢？你对这一问题的回答就表现出了你的销售真理。

例如，有些销售人员会采用让自己感到最舒适的销售方法，还有的则站在买家的角度选择最能让买家接受的销售方法。当然了，我提倡的是以科学为标准的销售方法。一旦你理解了以科学为标准的销售方法的基本原理（例如我在本书中所阐释的那些），就有了开展科学销售的能力。这之所以重要，是因为它会给你的销售方式带来重要的影响，并最终决定销售的根本未来。

以前，销售真理几乎就是个不成问题的问题，因为根本就没有可以用来比较的客观标准。你的成果是评判你的行为的唯一方法。这其中隐藏着三个严重的问题。第一，只有在看到销售行为所产生的后果之后，你才能知道它们有没有效果。所以，如果你错了，那么等你意识到这一点，可能饭碗都已经丢了。第二，即便你的销售成绩比同僚的好，也不代表你的销售成果达到了应有的水平。第三，如果你的销售成绩平平，那么该如何知道是哪些销售行为导致你的成果乏善可陈呢？是所有的行为、一部分行为，还是某一项行为呢？因为从前的销售真理是带有很强的主观性的，所以销售的方法常常就被归结为一场危险的猜谜游戏。

现在，我们有了更好的办法。科学提供了一个实证有效、结果可预料的选择。当销售人员、组织甚至是行业开始将科学作为自己的销售真理来源时，销售成果就会得到提高。这是为什么呢？因为一旦你用科学法销售，你就会在销售过程中持续思考买家是如何形成购买决策的。这就是我作为一名销售教练的目标：我想让你既理解做什么，也明白为什么。

你的情况如何呢？你是否决定好自己的销售真理了？如果你选择了拥抱科学，那么真是恭喜你了！如果没有，那么我会鼓励你再考虑一下。我们再也不能对这门科学视而不见了。旧的销售策略已经失效。目前的商业环境越来越复杂、挑战性越来越强，竞争也越来越激烈，我们都必须适应它。正如研究人员布拉德·赛格瑞恩（Brad Sagarin）和凯文·米特尼克（Kevin Mitnick）所强调的那样，"在市场中，参与者运用影响力原理的技巧决定了他们的生死。有技巧的人将蓬勃发展，而没有技巧的人只能关门大吉"。

2 号改变：销售研究将会遍地开花

销售科学告诉了我们该如何提高影响力和销售成果。然而，直到现在为止，这门科学的大部分内容都还隐藏在学术期刊之外的角落里。这是为什么呢？因为一直以来，销售界中都不曾出现过像市场营销这样的学科所经历的学术调查。例如，虽然几乎每一所大学和商学院都有关于市场营销的课程，但销售的课程却寥寥无几。德保罗大学（DePaul University）的教授苏珊娜·福格尔（Suzanne Fogel）和同事就评论过这一问题的严重性，他们写道："如果看看世界顶尖商学院的课程表，你可能就会产生销售并不重要的印象。大部分工商管理学硕士课程都根本没有提供与销售有关的课，而有销售课程的也只提供了一门销售管理学而已。即便是在研究生级别的商业教育中，也鲜有销售课程的踪迹。"销售权威杰森·乔丹（Jason Jordan）和米歇尔·法桑纳（Michelle Vazzana）进一步阐明说："美国现在只有不到50所学院和大学提供销售学的主修或辅修课程。相比金融、制造或者市场营销而言，销售这门学科依然处在褴褛之中。"销售界的思想领袖弗兰克·塞斯佩德斯（Frank Cespedes）和丹尼尔·维因佛特（Daniel Weinfurter）又进一步解释说："在每年获得工商管理学硕士学位的17万多名学生中，只有很小一部分学过任何有关销售的东西。"

然而，情况并非一直如此。实际上，销售曾经是大学的课程之一。这门学科发生过快速的革新，但后来却硬生生地停止了脚步。为了明白背后的原因，我们需要大致了解一下20世纪早期的销售。

在这一时期，关于销售的研究成果越来越多。斯坦福大学的E.K.斯特朗（E. K. Strong）在1925年写道，根据美国国会图书馆（Library of Congress）的记录，在1869年，关于销售的图书只有一本。然而，之后每过10年，就有越来越多的销售方面的图书出版问世。

	出版数	总数
1869 年	1	1
1870 年—1880 年	1	2
1880 年—1890 年	3	5
1890 年—1900 年	6	11
1900 年—1910 年	36	47
1910 年—1920 年	220	267
1920 年—1922 年	151（在 3 年内）	418

到了 20 世纪初期，销售类图书的品种发生了爆炸性的增长。关于专业内容的质量也得到了极大的提高。例如，威廉·麦独孤（William McDougall）在 1908 年写下了历史上最早的一本社会心理学教科书。虽然社会心理学，即关于人类如何受到社会环境影响的研究，是一门新的学科，但它却引起了在销售领域进行研究的进步的思想家们的注意。其中一位就是哈佛大学的教授哈利·托斯道（Harry Tosdal），他在 1926 年出版的著作《个人销售之原理》（*Principles of Personal Selling*）大量引用了麦独孤的话。

20 世纪 20 年代中期，关于销售的课程在大学之中非常普遍。斯特朗对此有很好的解释："在几年前，哪里都看不到什么关于销售或者广告的课程。如今，我们的许多学员和大学都提供了这类课程，而且把越来越多的重点放在了销售人员的培训上。"托斯道的文字也呼应了这一论点："销售人员可以在商学院、专科学院、大学或者函授大学里上课……知名大学都将销售课程列入了自己的课程表。"

之后发生的一件事情彻底改变了商业的核心哲学，并因此让销售研究的进展戛然而止——大萧条（The Great Depression）。

这场经济萧条始于 1929 年，并在之后的数年内重创了经济。许多公司都关门大吉，而还没关门的都不得不转入了求生模式。市场一片狼藉，于是商业领袖们只能做必须做的事情：专注于做出那些避免任何风险，几乎能保证获利的决定。

为了继续借助于销售人员来推动产品的认知度，各家公司都开始更多地依赖于市场营销这门年轻的学科。他们会在潜在客户中进行调查，询问他们想要什么类型的产品，以及愿意付出多少价钱。接着，在有了这些信息之后，他们就会创造确定能卖得出去的产品。尽管这一方法限制了发展和创新，但却是熬过大萧条的惨淡岁月的最佳方法。

通用汽车（General Motors）的首席执行官阿尔弗雷德·斯隆（Alfred Sloan）在1933年写给通用汽车股东的信中就描述了这一哲学上的变化。他在信中宣称，通用公司已经邀请了一百万名汽车驾驶员为公司的工程师提供反馈意见。

将消费者研究当作职能活动来讨论会给人一种错误的印象。从它广泛的影响面来看，这从本质上更偏向于经营理念，而如果要让它得到充分利用，就必须将其延展到业务的每一个阶段——站在它会如何影响机构信誉的角度，权衡每一个行为，找出盈利的最快方法——而这种盈利永恒不变的保障就是按照客户想要的方式去服务他们。

斯隆的信说明时代在发生变化。从大萧条的环境来看，这一变化是可以理解的。然而，它对销售学科所产生的影响是巨大的。当市场营销成为业务的推进力量时，它也成了公司的头等大事，并开始取代销售的地位，成为研究对象。大学到最后纷纷将关于销售的课程替换成了关于市场营销的课程。在之后的数十年里，市场营销慢慢地演变成了一门科学，而销售却被学术界抛弃，成了"能说会道"者的专属。

既然我们已经了解了这门专业的历史，那么就来谈谈它的未来吧。随着人们重新将注意力放在利用实证科学来定义销售方式上，我相信销售学会再次博得高等学府的青睐。这一次将会激发出更多的销售创新，并让销售朝前迈出一大步。销售学的经济重要性已不言而喻，既然我们可以将它立于可预测的科学基础之上，那么新的研究必将能站在《急需一个大单》（*The Science of selling*）的肩膀上再接再厉。

随着人们再度关注利用科学来改进销售成果的问题，一些新的研究计划将会重启。一旦明白科学将如何改变销售效力，一波新的潮流即将出现。销售组织将开始与研究人员合作，将采取的成功策略反馈到学术数据上加以分析。这一研究闭环将会培养出新的见解，并为买家带来更积极的结果。

不仅如此，随着科学继续解开销售的谜题，公司执行层也会注意到这一变化。他们再也不会将销售视为一种神秘的活动了。相反，他们会像对待业务的其他部分一样，即用科学的眼光来对待销售。

想象一下，如果各大组织都利用科学来更好地识别和满足客户的需求，会发生什么样的变化吧。它们的销售成果将会得到提高，并对经济产生引人瞩目的影响。市场营销的思想领袖、奥美（OgilvyOne）副总裁罗里·萨瑟兰（Rory Sutherland）也同意这一观点。他认为，关于人类行为的科学认知的发现可能会带来经济的蓬勃发展。他还引用了埃森哲（Accenture）公司的话——如果能更好地理解改变行为的方法，全世界的国内生产总值将有可能提高 2.6 个百分点。

毫无疑问的是，科学将会让销售变得更好。当销售专业人士得到了基于实证的策略，摒弃了从销售行为中得出的猜测时，这一专业就会飞黄腾达。这就是我相信销售界的黄金时期仍在眼前的原因。

3 号改变：销售的雇用政策将会得到改善

组织所遇到的最常见、代价最高昂的挫折之一就是寻找优秀的销售专业人士。然而，没有哪一件事能比雇用合适的销售人员更能影响一家公司的销售了。销售领袖们常常依赖于直觉、不完善的面试流程来招聘销售人员。遗憾的是，即便是最优秀的销售领袖也会做出令自己事后后悔的雇用选择。这样的错误选择发生得有多么频繁呢？答案可能会超过你的想象。让我们来看看数据吧。

通过对 100 家环球公司的调查发现，这 100 家环球公司对销售人员的错雇率达到了 80%。销售管理专家安德里斯·A.索特纳斯（Andris A. Zoltners）、布洛赫·辛哈（Prabhakant Sinha）和萨利·E.洛里默（Sally E. Lorimer）也这样认为："就连最有经验的雇主都会犯错——在雇用销售人员时，错雇率可达 50%。"和销售人员的错雇率同样令人担心的，还有它们所造成的更严重的成本后果。

虽然公司因错雇而承受的实际经济负担的估算数字存在较大的差异，但所有的迹象都表明，这是个相当夸张的结果。《销售能力》（Selling Power）报道称，雇用错误的销售人员会给公司带来 61.6 万美元的成本。《华尔街日报》（Wall Street Journal）证实，人员流动的成本很可能达到销售人员年薪的数倍。不仅如此，一旦你把表现不佳的人替换掉，就还得付出额外的成本让新的销售人员发挥出最大的生产力。例如，《哈佛商业评论》发表了一项调查了 1 275 家不同组织的销售团队的深入研究，该研究发现新的销售人员的热身时间长达 7 个月之久。

关于销售人员雇用情况的统计数据表明，这是一个令人恐惧且代价高昂的问题。而这也是科学销售大显身手的时候了。

之前我们已经分享过，科学已解开了销售人员的成功秘诀，也展现了促成精英业绩的核心品质。其中有不少都已经在本书中得到了说明。在我的公司里，我们将这门科学应用到了一个专门负责销售雇用的系统当中，引导销售部门的领导者发现并验证面试者是否具备必要的技能、知识、行为、能力和性格品质。这种独一无二的雇用方法不仅简单易学，而且能极大地降低销售的错雇率。

在评估销售候选人时，你首先需要确定这个职位的具体要素是什么，例如教育程度、技术知识和经验水平。无论是在哪个职位上，高水准的销售业绩都与5项基本品质存在科学的联系。下面就分别了解一下它们，以及它们对销售人员的成功所带来的帮助：

1. 顶尖销售都有内在的动机

内在的动机指的是一个人采取某种行为并不是因为受到了任何外界的刺激，而仅仅是由于内在渴望。有一些研究表明，有内在动机的销售人员的成功机会要比没有的人大得多。其中一个原因在于，销售并不只是他们为了拿到工资而做的事情，而是他们的生存方式。

你该怎么判断一个人是否有内在的动机呢？你可以问几个像这样的问题：

· 你为什么做销售这一行？

· 你最喜欢销售的哪一方面？最不喜欢哪一方面？

· 你觉得一个成功的销售是怎么样的？

· 从前，在你没能谈成一笔交易时，是哪里做错了呢？你又采取了什么对策呢？

· 在之前的销售职位上，你的水平和同事比起来如何？

· 除了钱，还有什么是你销售的动机吗？

· 在过去的职位上，你参加过的哪类活动会给你时光飞逝的感觉？

在销售申请人回答这些问题时，你就可以评估一下他们是否对销售这份职业有着强烈的渴望。他们是否喜欢去影响别人？他们对于成为优秀的销售是否有一股内在的饥渴？如果答案是否定的，那么他们很可能并没有成为顶尖销售的内在动机。

2. 顶尖销售专注于他人的看法

许多科学研究都得出这样的结论：擅长理解买家看法的销售人员取得成功的机会要大得多。这是为什么呢？因为，这种与买家的协调能促进销售专业上的灵活度，让销售人员有效应对每一位买家的独特需求。销售人员难以理解潜在客户的看法时，也就难以对他们产生积极的影响。就像丹尼尔·戈尔曼所解释的那样，"如果没有首先体会到他人的感受并理解他们的处境，你就很难对他们产生积极的影响"。

我在第六章中就分享过，专注于买家的需求是顶尖销售人员的一大特征。他们想要理解买家，从而定位自己的公司、产品或服务来满足买家的需求。如果没有这样的认识，销售人员就会在不知不觉中做出影响销售的行为。这可不是什么不值一提的小事，因为理解和适应潜在客户的需求对于有效的销售而言是至关重要的一项职能。

你该如何知道一名销售人员是否理解买家呢？下面这些问题可以帮你

厘清这一点：

·在销售中，确定潜在客户的观点是否重要？为什么？你是怎么做的？你能举一个这方面的实际例子吗？

·你是如何了解买家从你这里选购的动机的？

·你是如何为销售对话做准备的？你是如何收集销售情报（关于潜在客户的信息）的？

·观察买家的非语言交流是否重要？你会寻找哪些迹象？

·你能分享一次发现潜在客户的观念变化并加以适应的具体经历吗？

在听到这些问题的答案时，你应该关注什么呢？你应该寻找明显的证据，证明面试者会主动地思考他人的观点。他们能否分享一些在从前的职位上的经历，他们在工作中会想办法适应买家的需求，还是说只会按照自己的想法埋头向前冲？他们是否努力去真正理解买家，还是对每一个人都一视同仁？

3. 顶尖销售拥有诚信

优秀的销售人员最被人忽视且又非常重要的一项品格就是诚信。那些在销售中取得长期成功的人都是值得信赖的、诚实的、可以依靠的、可敬的人。在如今这个透明的商业环境下，为了赢得销售而可以做出任何事、说出任何话的人就是一个极大的不利因素。

你该如何知道一个人是否诚信呢？辨认这一品质有时并不容易。但发现这一品质的缺失却要简单得多。有一个问题在这方面给我提供了很大的帮助，它来自彼得·德鲁克。他在面试中想要分析对方的性格时，就会问自己一个问题："我会希望自己的儿子在这个人手下工作吗？"我发现，他这个问题帮助我明确了判断一个人是否诚信的看法。你可以试试这个方法。

4. 顶尖销售怀抱着发展的心态

我在第一章中分享过，销售人员应该具有发展的心态，即销售人员相信能通过努力改进自己的销售能力。那些没有发展心态的人觉得，自己不可能通过努力改进自己的销售能力。因此，任何专注于帮助他们提升销售能力的培训，在他们看来都是对他们能力的不信任。

发展的心态是任何领域的精英共有的特征。例如，伦纳德·贝里（Leonard Berry）和肯特·赛特曼（Kent Seltman）在他们的作品《梅奥诊所的管理课》（*Management Lessons from Mayo Clinic*）中提出，倡导并激励持续性的学习是梅奥诊所的成功的原因之一。因此，发展的心态对于任何领域都至关重要。要想成为精英，你就一定要怀抱发展的心态。

话虽如此，但我得承认，我也曾经雇用过没有发展心态的销售人员。不过我后来就再也不这么做了，因为每当雇用了没有发展心态的销售人员，我就会后悔自己的决定。那么，你该如何检验一个人是否具备发展心态呢？在第一章中，我展示了针对销售人员的小测验。除此之外，下面这些问题也会帮助你发现候选人是否具备发展的心态：

· 销售是你与生俱来的习惯，还是后天习得的一种技能？你为什么这么认为？

· 除了从前的雇主所提供的培训之外，你曾经做过什么来提升自己的销售能力？你是否阅读过有关销售的文章、博客或者图书，参加过有关销售的课程或者别的什么？（如果面试者回答有，那么就问问是什么，以及他从中学到了什么。）

·如果一个新的销售人员请你提些建议，问你如何才能成为有能力的销售，那么你会怎么说？为什么？

·你觉得自己欠缺的是哪些类型的销售技能？为了改进这些技能，你做过什么？

·在你的职业生活中，有没有什么重大任务或者目标迫使你为了完成它而学习新的技能？你在发展新的技能时经历了什么样的过程？

在分析申请人给出的答案时，你期望看到的应该是——对方认为销售并不是与生俱来的技能，而是通过适当的培训可以发展起来的。此外，你要让他们讲讲在尝试改进某些方面时，是否曾经在生活中采取过发展的心态。如果他们无法分享曾经做过什么能表现出发展心态的事情，那么可以放心地认为他们很可能并不具备这样的心态。

关于发展的心态的问题，我想要提到的最后一点想法是：我几乎从来没有见过任何一个没有发展心态的销售人员能够取得什么高超的业绩。理论上，每一个销售人员都应该渴望改进自己的销售方法，赚到更多的钱，并更好地服务客户。但是实际上，只有具有发展心态的人才会寻求新的必要的知识和技能，来实现自己的目标。

5. 顶尖销售善于人际交流

因为销售的基础是想法的交流，所以销售人员的交流方法是很重要的。

那些没有锻炼过演讲技巧的人就很难与练过的人匹敌，因为交流的方法决定了对想法的解读。虽然我在本书前后已经介绍了许多说明这一事实的研究，但还是忍不住想再分享一个与众不同的案例。这个案例之所以与众不同，是因为它所关注的核心与我之前分享的其他研究都不相同。

当研究科学家伦纳德·李（Leonard Lee）、谢恩·弗雷德里克（Shane Frederick）和丹·艾瑞里测试人们如何评估两种不同类型的啤酒时，发现在盲测中，人们明显地更偏好其中一种啤酒，但如果一开始就告诉他们啤酒的配方成分，那么结果就不同了。参与者在品尝啤酒之前，得知那种更受欢迎的啤酒里含有几滴意大利香醋时，就会明显地选择另一种啤酒。换句话说，啤酒的呈现方式对参与者有强大的影响力，决定了他们心目中最美味的选择。

类似地，销售人员的交流方式也会影响在别人眼中他们所代表的公司、产品或服务的模样。如果他们不善交流，那么就必须克服这样一个巨大的障碍。

你该如何确知面试者有良好的交流能力呢？你可以从以下方面分析他们的交流方式：

· 第一印象：他们是否给你正面的第一印象？为什么？

· 语言交流：他们的言语透露出什么信息？他们能否以令人信服的方式清晰地交流想法？

· 非语言交流：他们的非语言线索，例如面部表情、眼神注视、肢体动作、语速和音调变化透露出他们怎样的性格和支持什么样的想法？

如果你想仔细检查潜在销售雇员在这些方面的交流能力，那可以让他们做5分钟的正式演讲。演讲的话题并不重要，只要是他们熟悉的东西即可，因为你要关注的重点是他们的交流技巧。我建议让候选人谈谈他们从前销售的产品或者服务、他们的兴趣爱好，甚至是某个喜欢的度假胜地。在观察他们的交流能力时，你可以问问自己，我愿意让这个人代表我吗？如果不愿意，那就想想是为什么。如果愿意，那也想想是什么原因。这个简单的小练习可以引导你对候选人的交流技巧做出评估。

满足这5大核心品质的销售人员取得非凡的销售成果的机会要远高于其他人，因为他们具备成为销售精英的内在和外在的特质。与此相反，只要缺乏这5大品质的其中一项，你就很难成为一个优秀的销售人员。只有采用这一用人策略，你才能降低错雇率，发现更适合销售岗位的人才。

未来的科学销售

行文至此，我希望你已经相信了这样一件事：正确理解和运用影响力及决策制定的科学原理能够大幅地提高销售效力。我在整本书中已经展示了，在最常见的销售策略中，有多少已经是过时、无效和有害的，因为它们与大脑形成购买决策的方式相冲突。不过，或许最重要的是，在科学与销售的融合中，我们还学会了如何让自己的销售方法帮助潜在买家吸收我们的销售信息并做出明智的购买决策。

为什么这种销售方法与其他的相比有着天壤之别呢？因为，我在创造这一方法时所分析的对象与其他方法不同。和大部分现代销售体系不同，我并非对大量的销售人员进行了调查，寻找他们都在做些什么，或者单纯地复制我在过去的销售方法。相反，我专注于销售本应始终关注的对象——买家。或者说得更具体一点，我关注的是 —— 潜在客户如何形成购买决策的科学依据。因为，研究证明，销售策略越是与大脑受到影响的方式保持一致，其效果就越好。

《急需一个大单》还联系了这门前沿科学与现实世界的销售环境的各个方面。它提供了一种准确、可预测且可复现的与买家形成联系的新方法。你再也不必根据小道消息或者主观臆测来进行销售了。正如本书所展现的那样，任何人都能根据既定的实践步骤增进销售上的成功。

我希望《急需一个大单》能让基于科学的销售行为成为标准的商业实践。这是销售行业一直以来翘首企盼的事情。这是销售人员在这个充满挑战的销售环境下想要有所作为所必需的东西。而且好消息是，这样的未来已经不再遥远了。

那么，接下来就轮到你了。我强烈建议你利用本书中的科学策略，切切实实地按照大脑的购买天性开展销售活动。

鸣　谢

伟大的诗人约翰·多恩（John Donne）写道："没有人是一座孤岛。"一本书也同样如此，它并不是某个人独自研究的结果。这本书就是我在分析了许多人的作品后写出来的。首先，我非常感激诸位神经科学家和行为科学家，他们钻研了人类大脑的内部工作方式，并找出了影响行为的各种因素。如果没有他们这些基于实证的发现，那这本书就根本不可能诞生。

我还应该感谢许多先进的销售思想领袖，例如罗伯特·N.麦克默里（Robert N. McMurry）、戴夫·斯坦（Dave Stein）等，他们对如瘟疫般弥散在销售行业中的核心问题提出了富有洞察力的批评，为人们敲响了警钟。他们的思想对我产生了深刻的影响，激励我寻找基于科学的答案，解答销售人员所面临的挑战。

感谢各位销售专业人士，是你们让我成了一个更优秀的销售人员，尤其是我职业生涯初期的导师们。我还能回想起我的第一位销售经理保罗·温（Paul Winn）对我说的那句话，"如果你天天与火鸡为伍，那么就别想能与老鹰齐飞"。另外，如果我把乔伊（Joey）忘了，那就太不应该了，因为他倾听了我的第一次演讲，对我的影响持续至今。

我的文学经纪人利拉·坎波利（Leila Campoli）也是这本书的一大功臣。她是这本书的头号支持者。她的见解在整个出版过程中都起到了巨大的帮助。我还欠隶属于 Penguin Random House（企鹅兰登书屋）的塔彻普利奇（TarcherPerigee）出版社的高级编辑斯蒂芬妮·鲍恩（Stephanie Bowen）

一个大大的感谢。她对这一项目的热情鼓舞人心，而她的反馈和建议也给这本书带来了全方位的提高。

我的孩子茱莲妮（Jolene）和大卫（David）都很乖，会小声提醒说："不要在爸爸写作的时候打扰他"。他们控制玩耍的音量，让我能专心在书本上。我真心希望：他们两个年纪大一点了，能够喜欢这本书，能从中学到些什么，并为爸爸感到骄傲。

如果没有我的妻子莎拉的支持，那就不可能写出这本书。她从来没有抱怨过我投入了大量的时间和金钱，研究并验证组成本书的各种理论。时至今日，我依然会对她如此信任我和这一项目感到非常惊讶。

我要感谢诺埃尔·霍菲尔德（Noel Hoffeld），她对本书的许多早期草稿和作为基础的无数研究报告进行了通篇的编辑，提供了无法言喻的帮助。她不知疲倦地努力，确保只有她一个人能看到我的错误。实际上，她几乎阅读了我写下来的所有东西。如果没有她的帮助，那我在专业方面的许多成就都不可能发生。

我要特别感谢诺曼·霍菲尔德（Norman Hoffeld），他教会了我如何公开演讲，并给了我许多实践的机会。他也是我在谈到如何用积极且有道德的方式影响别人时首先想到的例子。

最后，我要感谢那些和我一样，一直等待着有一本书能告诉他们用哪些有科学依据的行为能更好地服务买家的销售专业人士。这本书就是为期盼它的销售人士创作的。既然你现在已经得到了它，那么还不赶紧行动起来！